KIR
TECHNIQUES DU
PLIAGE ET DÉCOUPAGE, MODÈLES

Isabelle Jarrige

KIRIGAMI
TECHNIQUES DE KIRIGAMI, MÉTHODES, PLIAGE ET DÉCOUPAGE, MODÈLES

ÉDITIONS DE VECCHI S.A.
52, rue Montmartre
75002 PARIS

Malgré l'attention portée à la rédaction de cet ouvrage, l'auteur ou son éditeur ne peuvent assumer une quelconque responsabilité du fait des informations proposées (formules, recettes, techniques, etc.) dans le texte.
Il est conseillé, selon les problèmes spécifiques – et souvent uniques – de chaque lecteur, de prendre l'avis de personnes qualifiées pour obtenir les renseignements les plus complets, les plus précis et les plus actuels possible.

Photos de couverture et de l'intérieur : © P. Rémond

© 2004 Éditions De Vecchi S.A. - Paris
Imprimé en Italie

La loi du 11 mars 1957 n'autorisant, aux termes des alinéas 2 et 3 de l'article 41, d'une part, que les « copies ou reproductions strictement réservées à l'usage privé du copiste et non destinées à une utilisation collective » et, d'autre part, que les analyses et les courtes citations dans un but d'exemple et d'illustration, « toute représentation ou reproduction intégrale, ou partielle, faite sans le consentement de l'auteur ou de ses ayants droit ou ayants cause est illicite » (alinéa 1er de l'article 40).
Cette représentation ou reproduction, par quelque procédé que ce soit, constituerait donc une contrefaçon sanctionnée par les articles 425 et suivants du Code pénal.

SOMMAIRE

Introduction .... page 7

Initiation aux kirigami .... » 9

RÉALISATIONS

La colombe de la paix... » 18
La fée et l'ange... » 21
La maison avec le chat sur le toit .... » 25
Unifolia.. » 29
Trifolia .... » 33
Quadrifolia... » 36
Rosée du matin .... » 39
Floraison tardive .... » 42
Le lampion .... » 45
La danse des chats .... » 48
Le gros dormeur roulé en boule .... » 50
Confidences au clair de lune... » 52
La chasse au papillon .... » 54
Kyrielle d'étoiles .... » 57
Par la fenêtre… .... » 63
Le cygne au bord de l'eau.. » 65
L'envol de l'oiseau .... » 67
Le paon faisant la roue .... » 70
Migration .... » 73
Patchworks et tissages abstraits .... » 76

INTRODUCTION

Combien de personnes connaissent l'art de découper le papier, de le façonner, de faire de la feuille plane un volume ? Pourtant, grâce au pliage et au découpage, qui nécessitent peu de matériel, on peut créer facilement pour son plaisir et celui des autres des œuvres originales en trois dimensions, repliables sur elles-mêmes, et donc susceptibles d'être envoyées par la poste en simple courrier.
L'art de la découpe est une technique ancestrale, qui est née dès l'invention du papier, partout sur la Terre. En Orient, et plus particulièrement en Chine, les premiers thèmes représentés furent les lotus, les dragons, les pandas, les chats, les abstractions poétiques, les scènes de genre et les statues bouddhiques. La culture traditionnelle japonaise a approfondi cet art, en y apportant ses propres inventions (masques de théâtre No, architectures, paysages, motifs ésotériques, représentations religieuses spécifiques à la pensée japonaise…).
Les kirigami sont, eux, traditionnellement en deux dimensions. En ce qui concerne les papiers découpés, les Anglo-Saxons ont développé d'une part la technique à plat, « paper cutting », et d'autre part la technique en volume, qu'ils appellent « pop up ». Pour ma part, j'utilise ces deux techniques de façon complémentaire. En français, on englobe dans le mot *kirigami* les découpages à plat tout autant que les volumes qui font intervenir les découpes, alors qu'il serait plus approprié de parler d'« orikirigami » dès l'instant où la majorité des volumes mélange les pliages et les incisions.
Un recueil de poèmes du XVIIe siècle de Matsuo Basho, *La Route étroite pour Oku* (paru en 1996 chez Kodansha International) constitue un ouvrage de référence : illustré de splendides kirigami plans de Myata Masayuki selon la technique du découpage coloré au pochoir (certaines illustrations peuvent demander des dizaines d'heures de travail), il donne une excellente idée de cet art traditionnel encore peu connu en Occident.
Comme vous le verrez, les thèmes figuratifs abordés dans le présent livre se veulent plus « universels » qu'orientaux ou occidentaux. Ma colombe de la paix en est le premier exemple. La genèse de cet exposé vient de mon attrait pour l'Orient, mais aussi de ma volonté de transmettre ma propre sensibilité sur le sujet. Je voudrais donner, par les quelques exemples de créations de papier reproduites dans cet ouvrage, des envies de développer votre propre créativité.
Toutes les techniques de base de l'utilisation du papier comme mode d'expression créatrice sont simples, et ce recueil de kirigami vise à vous donner les clés

pour trouver votre style personnel au fur et à mesure que vous expérimentez différents découpages.
Avec quelques principes de base, et un matériel peu coûteux, vous aimerez inventer et mettre en forme vos propres idées de décorations…

MISE EN GARDE

Ce livre, même si je souhaite présenter son sujet sous un abord ludique, s'adresse aux adultes. Le maniement d'instruments tranchants, tels que le cutter ou l'Xacto, demande la plus grande vigilance et la plus grande prudence.
Ne placez jamais les doigts de la main qui tient le papier, pendant que l'autre découpe, dans l'axe de l'instrument tranchant : attention aux coups de cutter malencontreux !
Je vous conseillerai, afin d'éviter tout accident, de travailler le plus lentement possible. Même lorsque vous sentez que vous possédez bien dans les doigts un modèle, par exemple pour vous être bien exercé sur du papier brouillon, ne vous précipitez jamais au moment de le réaliser au propre. D'abord parce que le papier définitif que vous avez choisi coûte plus cher que du brouillon ; ensuite parce que rater la fabrication de votre kirigami par manque de concentration vous obligerait à recommencer ; enfin et surtout, pour vous éviter de vous couper. Toutefois, la colombe de la paix (voir page 18), qui se réalise principalement avec des ciseaux, est un modèle facile et de moindre danger, qui peut être réalisé par des enfants – à condition cependant que le travail des plus jeunes soit encadré par des plus grands.

POUR VOUS PERFECTIONNER PROGRESSIVEMENT

Tous les découpages de cet ouvrage sont classés par degré de difficulté :

■ *très facile*

■■ *facile*

■■■ *plus délicat*

INITIATION AUX KIRIGAMI

MATÉRIEL DE BASE

La réalisation des kirigami ne nécessite pas de matériel très particulier. Les créations proposées dans cet ouvrage demandent :

– du papier ;

– un cutter ;

– un Xacto ;

– une paire de ciseaux ;

– du ruban adhésif double face ;

– un bâton de colle ;

– un compas ;

– un réglet métallique gradué en centimètres et en millimètres ;

– un crayon à papier ;

– une planche spéciale pour couper au cutter ou, à défaut, un morceau de carton très épais (5 mm environ) d'une surface au moins double de celle du modèle à réaliser ;

– un plioir ou un stylo à bille usé.

L'Xacto

C'est une sorte de cutter à la pointe très effilée, destiné à découper les détails les plus fins, pour lesquels le cutter serait trop grossier. On le trouve dans les magasins de matériels graphiques.

Le stylo à bille usé

Il est très important que le stylo ne contienne plus du tout d'encre.
Dans le cas contraire, vous pourriez avoir de très mauvaises surprises, car le stylo à bille usé servira à marquer les plis dans le papier et doit donc creuser un léger sillon sans laisser la moindre trace d'encre. Petite astuce : bien qu'usé, le stylo à bille doit être de bonne qualité, c'est-à-dire glisser parfaitement sur le papier. Pour ma part, je préfère faire rouler la bille d'un stylo pour marquer un pli plutôt que d'utiliser un plioir du commerce, mais ce choix est très personnel.

Le papier

QUEL PAPIER UTILISER

On peut utiliser toute sorte de papier, d'un grammage allant de 80 à 300 g/m^2. La règle de base, quand vous choisissez un papier, est qu'il vous plaise ! Il faut que vous soyez séduit par sa couleur et son aspect devra vous donner l'envie de le travailler. Je vous conseille de vous entraîner d'abord sur des papiers fins (80 g), qui coûtent moins cher que du 200 ou 300 g, afin de vous « faire la main ». Ensuite, quand vous vous sentirez plus à l'aise avec les instruments de coupe, vous pourrez passer aux papiers plus épais, aux calques colorés plus délicats à travailler, aux papiers avec des motifs, des textures ou des inclusions de fibres végétales.

QUEL FORMAT CHOISIR

On peut naturellement travailler à différentes échelles. Mes créations s'inscri-

Initiation aux kirigami

vent la plupart du temps dans un format A5 replié sur lui-même.
Le format A4 replié deux fois sur lui-même, c'est-à-dire donnant au final un format A6 (voir schémas page suivante), est extrêmement pratique, car il rentre dans une enveloppe postale standard. Il permet des réalisations symétriques du plus bel effet, qui tiennent ensuite debout quand on les dresse sur une tablette ou tout support plan, comme décoration.

LES RÈGLES DE BASE

Il est important, afin de créer des kirigami dans les meilleures conditions possibles, de s'installer dans un endroit calme, et surtout très bien éclairé. Préférez la lumière du jour à celle d'une ampoule électrique (sachant toutefois qu'il existe des ampoules électriques « lumière du jour » se rapprochant de la lumière naturelle). En effet, quand vous serez amené à faire des rainures avec le stylo à bille usé, vous comprendrez qu'il est primordial de travailler sous une bonne lumière, face à une fenêtre par exemple. Il est important également que votre matériel soit en bon état : la qualité du résultat est fonction du soin et de la netteté apportés aux découpages et aux pliages.

COMMENT REPORTER LE MODÈLE

Je vous suggère d'agrandir à la photocopieuse les plans du kirigami que vous voulez traiter, d'autant qu'il n'est pas très pratique de décalquer un modèle directement à partir d'un livre.
Sur les plans reproduits dans cet ouvrage, les parties à marquer au plioir sont indiquées en pointillé alors que les découpes sont marquées par un trait plein noir.

1. Faites un rapide relevé du plan sur le calque avec un crayon HB bien affûté.

2. Retournez le calque sur une feuille de papier brouillon blanche, et repassez le tracé (utilisez de préférence un crayon à mine assez grasse : B ou 2B). Pour obtenir un résultat optimal, réalisez cette opération sans hâte.

3. Retournez encore le calque. Cherchez le meilleur positionnement sur votre papier définitif en faisant glisser le plan décalqué sans appuyer pour ne pas déposer de graphite un peu partout sur le papier.

4. Fixez la feuille de calque avec du ruban adhésif repositionnable. Pour imprimer le dessin, préférez un crayon à papier de mine un peu dure, HB ou H, ou un stylo à bille (usé ou non !) pour repasser sur les tracés.

Vous pouvez aussi attaquer directement au crayon 2B votre décalque et l'inverser (c'est-à-dire sauter l'étape 2) s'il vous est égal d'avoir un dessin en miroir.

Les kirigami

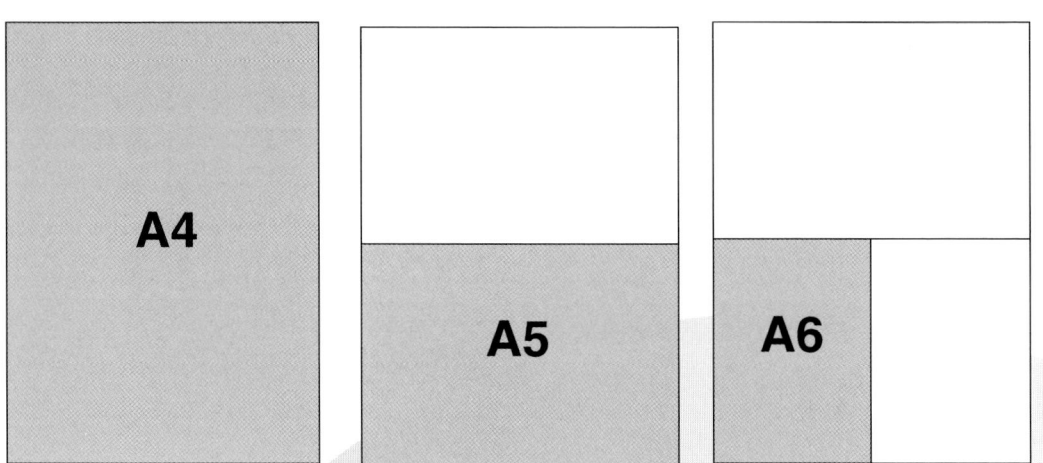

Formats de papier. Un format A4 (21 × 29,7 cm) contient exactement deux formats A5 (14,85 × 21 cm) ou quatre formats A6 (10,5 × 14,85 cm).

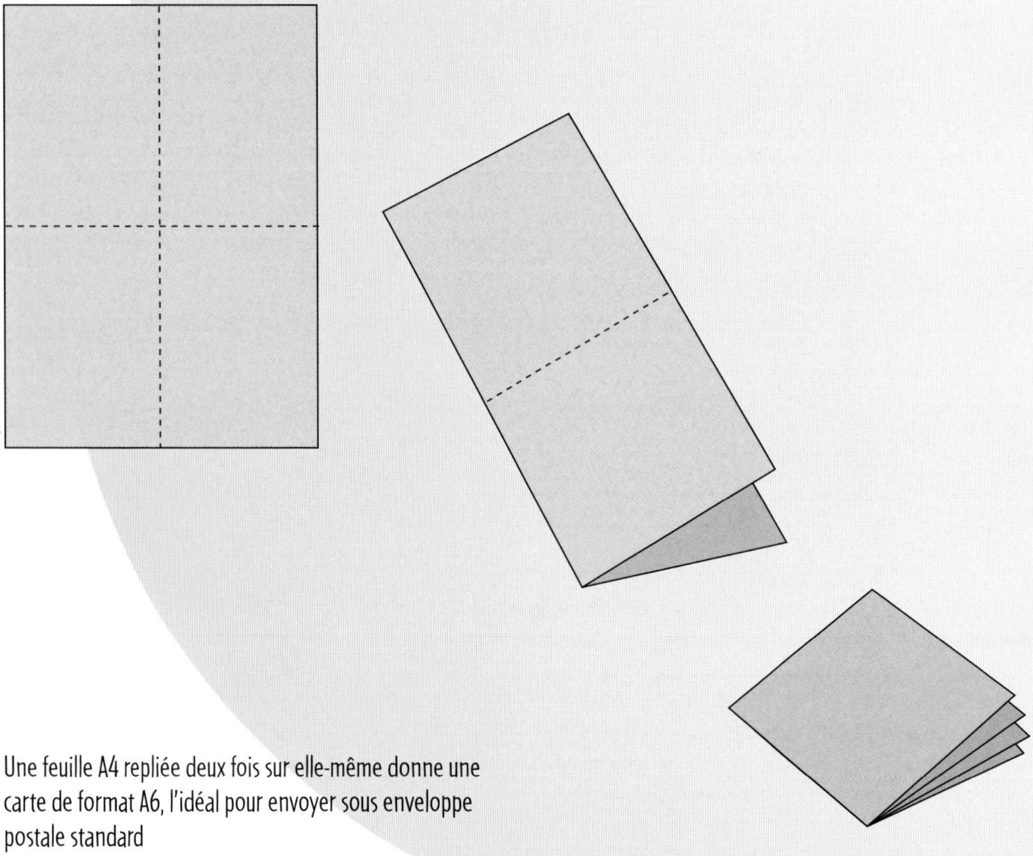

Une feuille A4 repliée deux fois sur elle-même donne une carte de format A6, l'idéal pour envoyer sous enveloppe postale standard.

Initiation aux kirigami

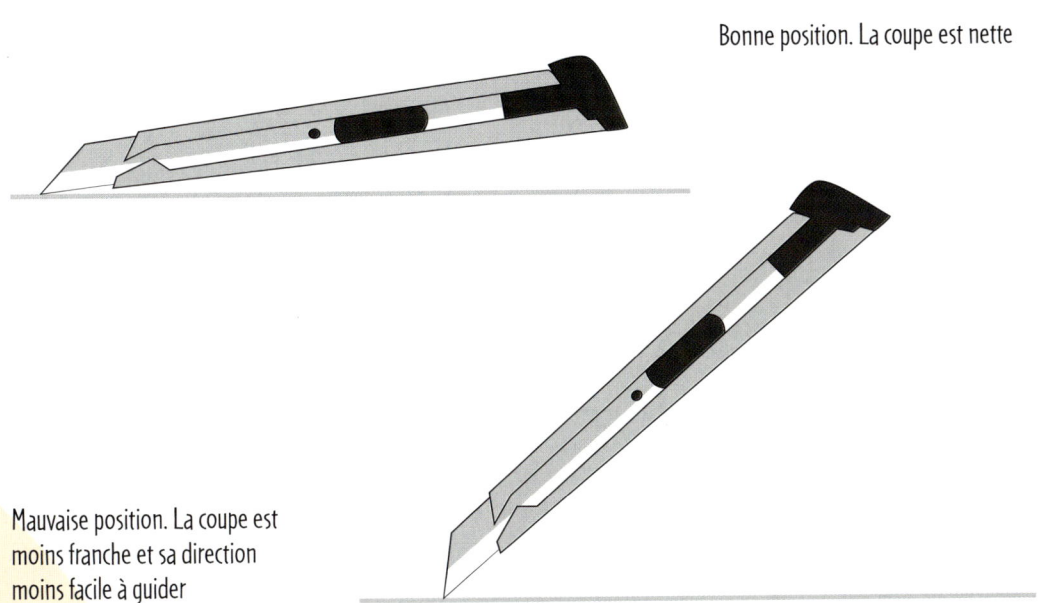

Bonne position. La coupe est nette

Mauvaise position. La coupe est moins franche et sa direction moins facile à guider

POSITIONNEMENT DU CUTTER

Lorsque vous coupez au cutter, votre index ne doit jamais être en contact avec le dessus de la lame. Par ailleurs, plus votre outil sera incliné vers l'arrière, meilleur sera l'angle de coupe.

PLIAGES, RAINURES ET DÉCOUPAGES DE BASE

Pour arriver à créer des kirigami de plus en plus complexes, il est conseillé de s'initier aux pliages et découpages de base, exercice comparable en quelque sorte aux gammes des musiciens.

Les plis inversés

Prenez une feuille de papier bon marché, du papier machine format A4 par exemple. Tracez deux lignes perpendiculaires que vous marquerez au plioir ou au stylo à bille usé (figure 1).

Fig. 1. Lignes des pliures marquées au recto de la feuille

Puis, répétez l'opération sur l'envers de la feuille en décalant les lignes (figure 2). Ensuite amusez-vous à cintrer le papier, une fois en creux, une fois en relief (figure 3).

Le premier pli vous paraîtra sans doute délicat, mais vous verrez qu'au bout du dixième cela ira tout seul !

Il est important de maîtriser la mise en forme des plis les plus simples avant de passer à une étape plus difficile : marier découpage et pliage. Pour cela, initiez-vous à ce deuxième exercice.

Fig. 2. Lignes des pliures marquées au verso de la feuille

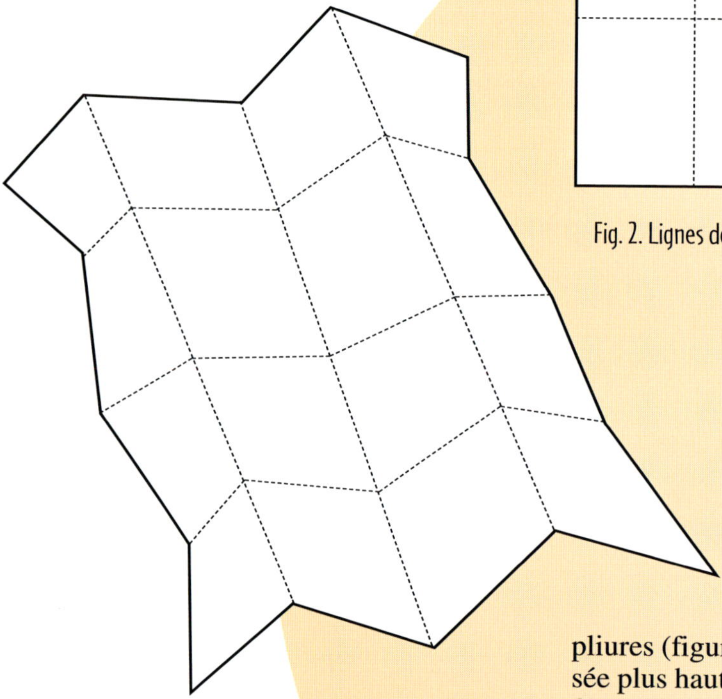

Fig. 3. Mise en forme des plis inversés

Les plis inversés associés à des découpes rectilignes

Découpe en rectangle

Faites deux entailles de longueurs égales (de 2 cm par exemple), perpendiculaires à la ligne médiane, après avoir marqué les pliures (figure 4) selon la méthode exposée plus haut dans un papier brouillon de format A5, par exemple. Ensuite, faites passer un objet (un crayon par exemple ou, mieux encore, le manche d'un pinceau fin) dans l'ouverture (figure 5), qui pourra ainsi progressivement se mettre en forme, au fur et à mesure que vous monterez les plis, soit en arrière, soit en avant.

Quand vous aurez réussi cet exercice, vous pourrez réaliser sans difficulté la maison avec le chat sur le toit (voir page 25) !

Initiation aux kirigami

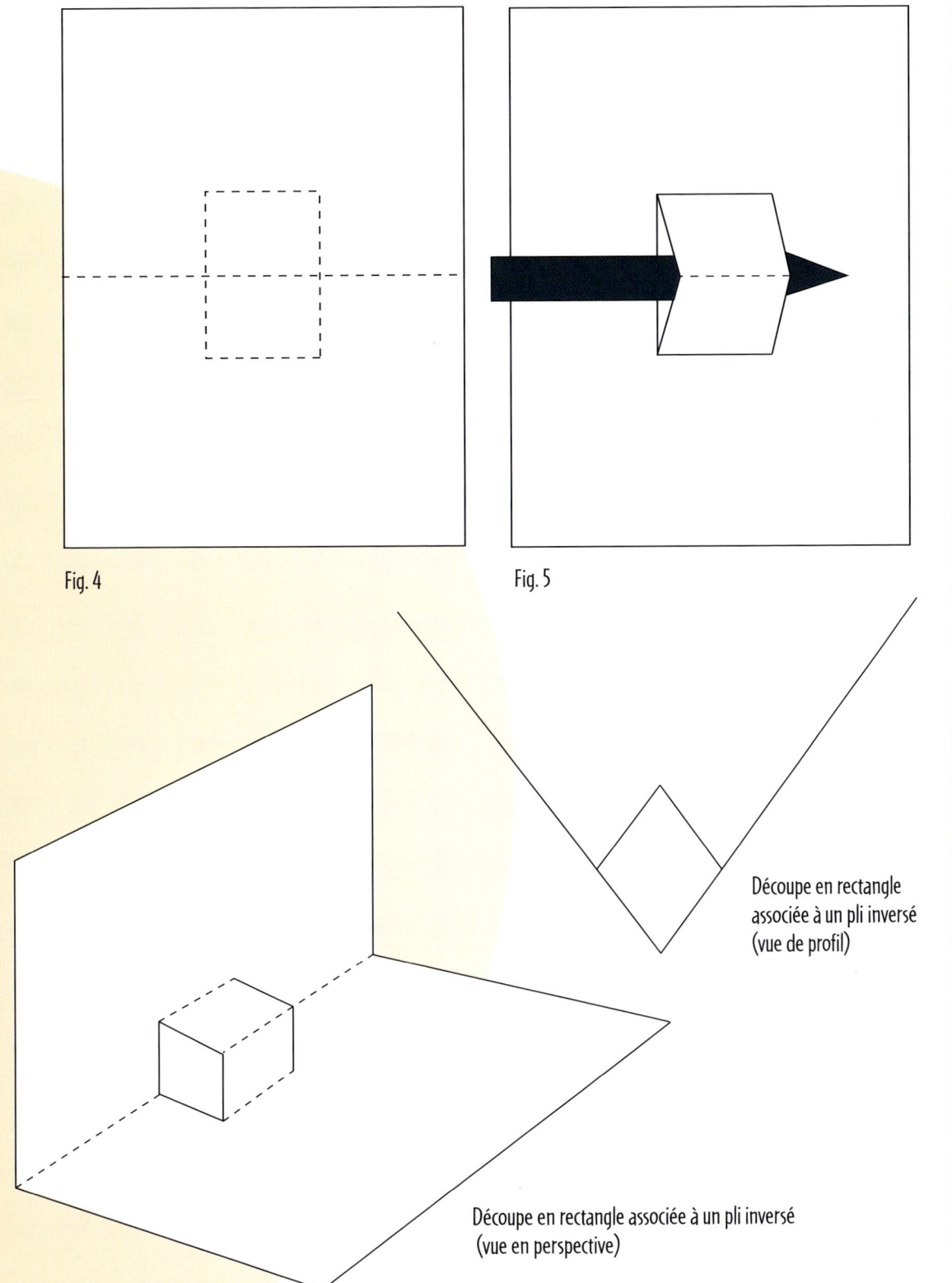

Fig. 4

Fig. 5

Découpe en rectangle associée à un pli inversé (vue de profil)

Découpe en rectangle associée à un pli inversé (vue en perspective)

15

Les kirigami

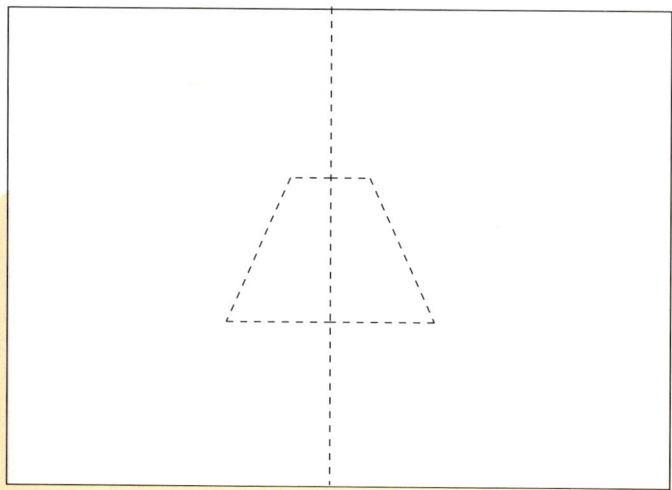

Fig. 6

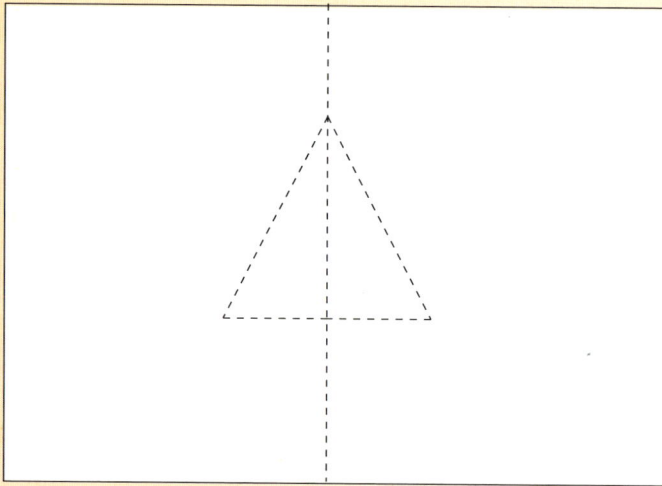

Fig. 7

Le pli inversé associé à une découpe arrondie

Pour réaliser cette figure, on peut utiliser dès à présent la symétrie : pliez une feuille de format A5 en deux selon la méthode exposée plus haut, puis dessinez la forme du demi-cœur en vous inspirant de la figure 8. Incisez le haut de la forme avec le cutter, puis le bas (pour cette partie basse, vous pouvez utiliser la règle) en veillant bien à laisser intacte une zone de quelques millimètres, qui sera pliée à l'aide du stylo usé, constituant le point d'attache du cœur à son support. Cette double opération terminée, mettez en forme votre volume, pli en avant et pli en arrière suivant le même principe que précédemment.
Vous êtes ainsi prêt à réaliser la fée et l'ange (page 21) !

DÉCOUPE EN TRAPÈZE

Là aussi, faites deux entailles perpendiculaires à la ligne médiane, mais donnez-leur cette fois des longueurs différentes (figure 6).

DÉCOUPE EN TRIANGLE

Faites une seule entaille perpendiculaire à la ligne médiane. Marquez les côtés du triangle au stylo plieur (figure 7). En inversant les plis, vous obtiendrez une figure d'allure pyramidale.

Fig. 8

RÉALISATIONS

Les kirigami

La colombe de la paix

DIFFICULTÉ
■

MATÉRIEL
- une paire de ciseaux
- du ruban adhésif double face ou un bâton de colle
- un réglet métallique gradué
- un crayon de papier
- un cutter
- une planche à découper
- un plioir ou un stylo à bille usé
- un morceau de bristol ou de Canson blanc format A6
- un morceau de papier bleu format A5, minimum 200 g/m^2
- une feuille de papier brouillon format A4
- du papier calque standard

LA COLOMBE

1. Réalisez un gabarit dans le papier brouillon, en y reportant le modèle 1 à l'aide du papier calque et du crayon à papier puis en découpant les contours de la colombe. Vous obtenez ainsi un patron vous permettant de réaliser autant de colombes que vous le désirez (modèle 1).

2. Tracez au crayon léger, sans appuyer, les contours de la colombe sur le papier définitif (bristol ou Canson) et découpez ensuite les contours aux ciseaux.

Modèle 1

Mettez de côté les chutes de papier, qui serviront pour le rameau de la paix.

3. Après avoir gommé délicatement les résidus de crayon de papier qui auraient pu rester sur les bords du papier blanc, tracez à l'aide du plioir ou du stylo à bille usé quatre ou cinq rainures sur l'aile et trois ou quatre rainures sur la queue, en éventail, suivant le modèle 2.

4. En repliant le papier en accordéon une fois à l'envers, une fois à l'endroit, mettez en forme le volume de l'aile et de la queue de l'oiseau.

5. Pour l'œil de la colombe, faites deux incisions au cutter se rejoignant en arc de cercle, ou trois incisions formant un petit triangle, ou percez le papier avec une aiguille à laine, ou cousez une petite perle de couleur, au choix.

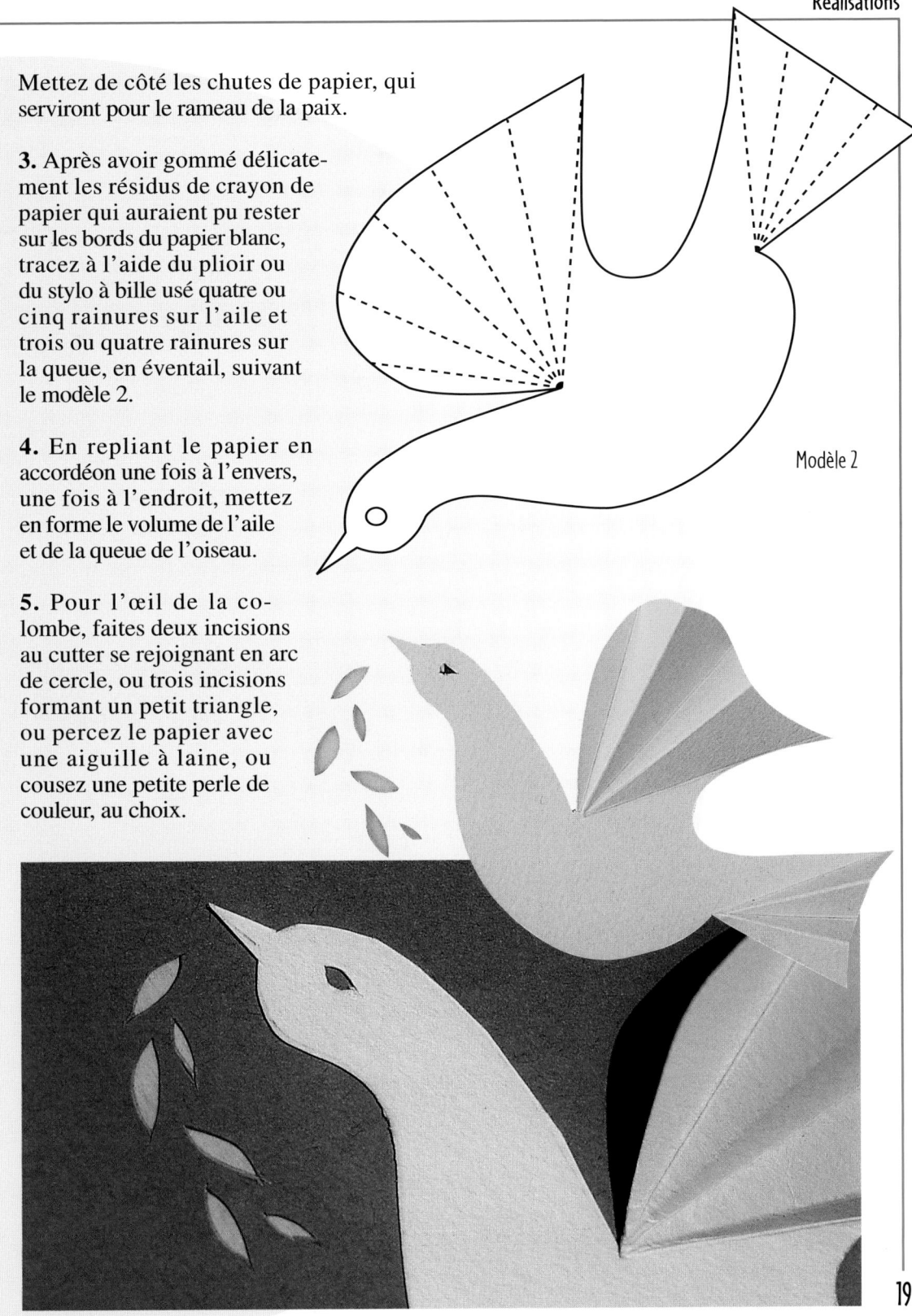

Modèle 2

MONTAGE DE LA COLOMBE SUR SON SUPPORT

6. Prenez la feuille A5 de papier bleu. Marquez le milieu de chaque bord long (à 10,5 cm de chaque côté) grâce au plioir ou au stylo à bille usé. Toujours avec le plioir, reliez les deux points, puis pliez en deux : le support est prêt.

7. Vous n'avez plus qu'à fixer la colombe sur un côté, à l'aide de la colle en bâton ou de l'adhésif double face, en veillant à bien ménager de la place pour le rameau de la paix.

LE RAMEAU DE LA PAIX

8. Dessinez au crayon sur le support la branche et cinq petites feuilles (modèle 1).

9. Évidez ces feuilles grâce au cutter ; pour cela, veillez à poser le support ouvert sur la planche à découper.

10. Gommez la branche et les résidus de crayon autour des feuilles.

11. Vous pouvez coller un petit rectangle blanc (extrait des chutes de la colombe) derrière les feuilles sur l'envers du support avec de l'adhésif double face ou de la colle.

REMARQUES

Si vous remplacez le papier bleu par une feuille bicolore, par exemple au recto bleu et au verso blanc (feuille vendue parfois à l'unité au format A4 dans les magasins d'arts graphiques), vous n'avez pas besoin de coller de petit rectangle blanc sur l'envers du support, puisque la couleur de l'intérieur de kirigami apparaîtra naturellement dans les découpes des feuilles du rameau de la paix.

Réalisations

La fée et l'ange

DIFFICULTÉ
■ ■

MATÉRIEL
- un réglet métallique gradué
- un crayon à papier
- un cutter
- un Xacto
- une planche à découper
- un plioir ou un stylo à bille usé
- un petit pinceau
- pour chaque motif, une feuille de papier format A5 de 160 g/m² maximum
- ou une feuille de papier format A4 de 80 ou 160 g/m²
- du papier calque standard

TRAVAIL PRÉPARATOIRE

1. La réalisation de ce kirigami joue sur la symétrie du motif ; il faudra donc couper une double épaisseur de papier. Si vous travaillez sur format A4, tracez au plioir ou au stylo à bille usé deux pliures médianes perpendiculaires entre elles comme sur la figure 1, mais gardez votre feuille pliée en deux de manière que le dos (qui sera rabattu une fois le kirigami achevé) ne soit pas abîmé par le travail au cutter (figure 2).

Si vous travaillez sur format A5, marquez simplement une pliure médiane parallèle aux plus petits côtés.

Fig. 1

Les kirigami

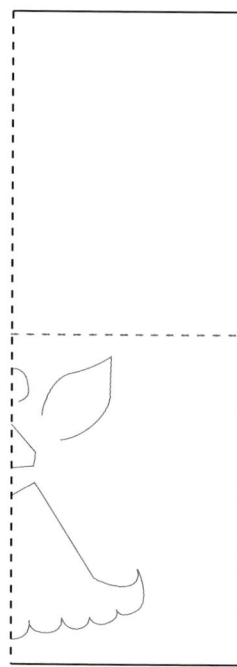

Fig. 2

LA FÉE

2. Dessinez au crayon à papier très léger le tracé des différents éléments qui donneront au final le motif de la fée (modèle 3). Veillez à bien inscrire la baguette magique et son étoile dans le prolongement du bras et de la main stylisés.

3. Incisez ensuite le motif le long des lignes pleines. Comme la découpe est assez minutieuse, je vous conseille de

Modèle 3

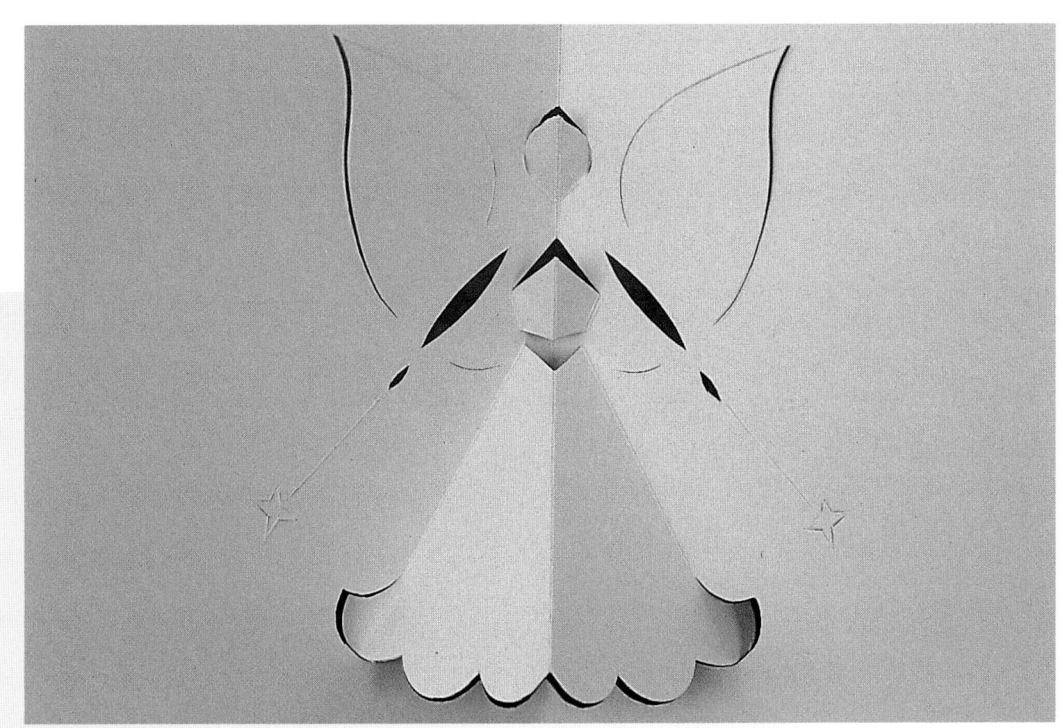

préférer l'Xacto au cutter, pour travailler tout en finesse. Veillez à bien maintenir les deux épaisseurs plaquées l'une sur l'autre au moment où vous incisez, car de la précision de votre geste dépend la réussite de la parfaite symétrie.

4. Puis ouvrez délicatement le kirigami. Avec votre ongle (ou le plioir), aplatissez doucement le pli central afin d'obtenir une surface totalement plane.

5. Avec la pointe de l'Xacto, dégagez les parties coupées en les soulevant lentement, une à une ; dès l'instant où les morceaux se soulèvent, échangez l'Xacto contre un instrument fin, comme l'extrémité d'un manche de petit pinceau. De votre autre main, pressez légèrement sur les pliures afin qu'elles se soulèvent pour donner le volume.

6. Pour finir, galbez un soupçon les ailes, qui n'ont pas de pli marqué ; elles doivent se détacher à peine du support, car si vous les rabattez trop vers l'avant le sujet sera trop incliné.

L'ANGE

7. Sur une autre feuille, reprenez toutes les étapes décrites ci-dessus mais cette fois sans dessiner la baguette magique.

REMARQUES

Vous pouvez animer le fond support de l'ange avec un semis de minuscules étoiles collées. Découpez-en de différentes tailles allant de toutes petites à minuscules et appliquez-les selon une implantation aléatoire : ce sera du plus bel effet.

La maison avec le chat sur le toit

DIFFICULTÉ
■ ■

MATÉRIEL
- un réglet métallique gradué
- un crayon à papier
- un cutter
- un Xacto
- une planche à découper
- un plioir ou un stylo à bille usé
- du papier calque
- une feuille de papier format A5 de 200 à 300 g/m² (pour le corps de la maison)
- une feuille de papier format A5 moins épaisse : 150 à 200 g/m² (pour le toit)
- du papier calque standard
- un petit pinceau fin

LE CORPS DE LA MAISON

1. Sur le papier fort, tracez les pliures et les découpes selon le modèle 4.

2. Pour la mise en volume, reportez-vous au paragraphe sur les pliages et découpages de base (page 13). Pensez à vous aider du manche d'un pinceau !

La seule difficulté sera de bien aplatir les plis de la base de la maison à angle droit, afin qu'elle tienne debout, et de pincer suffisamment le pli du haut de la charpente pour qu'il s'encastre dans les fentes du toit (voir figures 1 et 2).

LE TOIT

3. Sur l'autre feuille de papier, reportez le modèle 5. Pour que la symétrie des encoches (points d'ancrage au toit) soit parfaite, mesurez au millimètre près les emplacements de toutes les découpes. L'angle de la cheminée est calculé pour qu'une fois dressée elle se positionne perpendiculaire au toit.

Note importante : en ce qui concerne les deux incisions symétriques qui servent à faire tenir le toit au sommet du bâti, leur largeur est fonction de l'épaisseur de la charpente, c'est-à-dire que plus vous choi-

Les kirigami

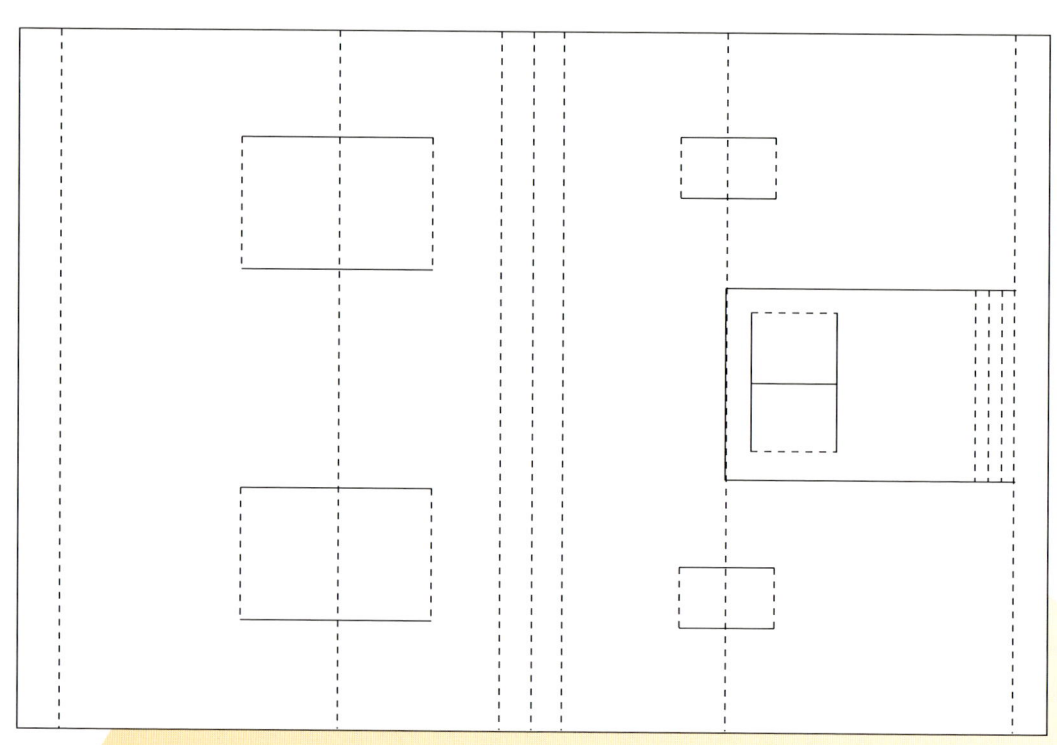

Modèle 4

Modèle 5

Réalisations

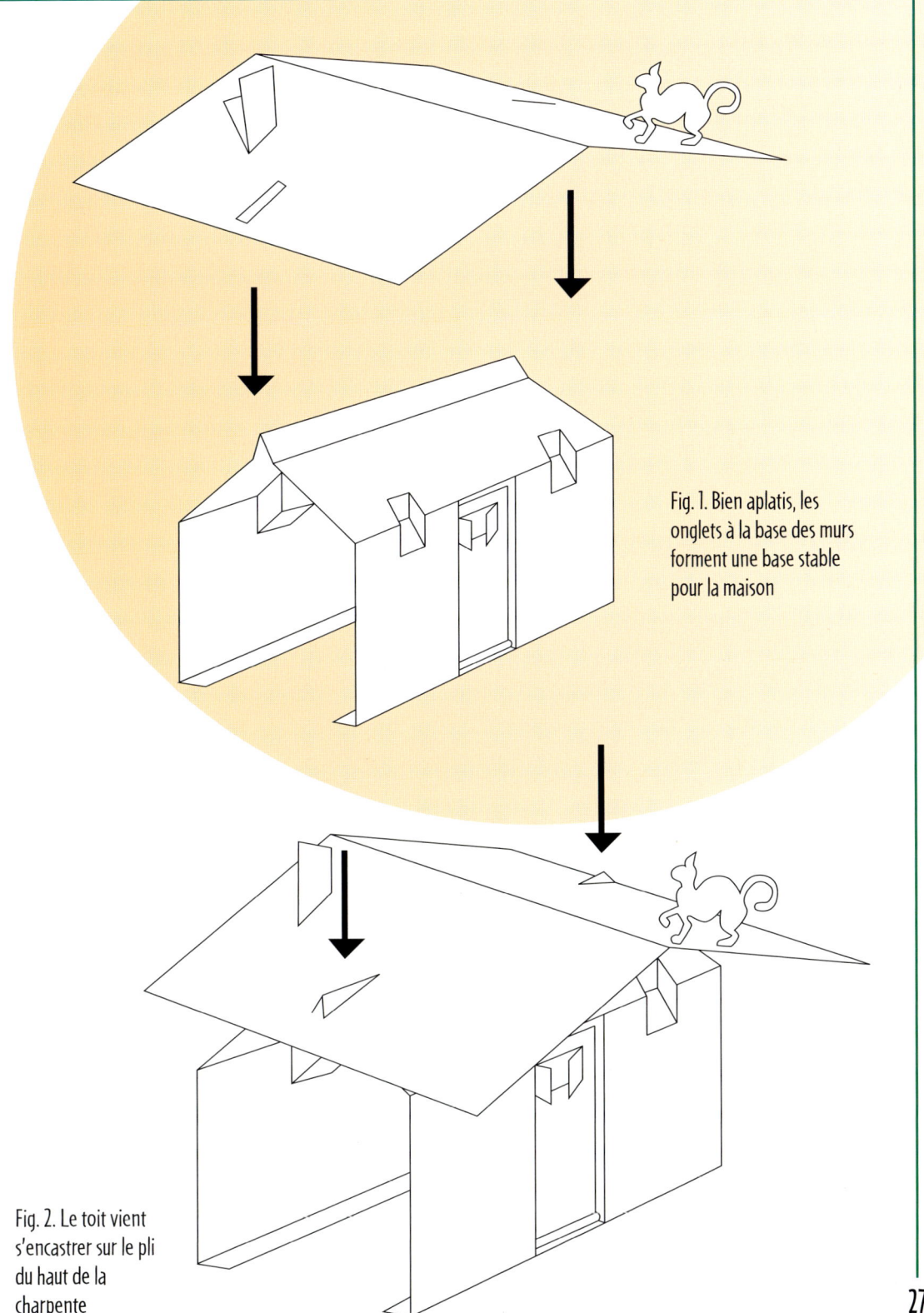

Fig. 1. Bien aplatis, les onglets à la base des murs forment une base stable pour la maison

Fig. 2. Le toit vient s'encastrer sur le pli du haut de la charpente

sissez un papier épais pour la base de la maison, plus l'incision du toit devra être large. Attention toutefois à bien calculer cette largeur, car elle est déterminante pour la consolidation de l'ensemble.

4. Procédez ensuite aux incisions et au marquage des plis, puis mettez en forme. Le passage décisif sera l'ajustement du toit au corps de la maison lors du montage final. En effet, la pose du toit aide à maintenir l'ensemble en place.

5. Reportez-vous aux figures 1 et 2 pour l'assemblage final.

LE DÉCOUPAGE DU CHAT SUR LE TOIT

C'est l'étape la plus délicate, car même s'il paraît minuscule le chat est volontairement disproportionné ; s'il devait être à l'échelle de l'ensemble, il serait microscopique !
Si vous vous sentez plus à l'aise sur des grandes surfaces, vous pouvez réaliser la maison à l'échelle A4, ainsi le chat sera moins difficile à découper.
Les découpes décrites précédemment peuvent être exécutées sans problème au cutter, mais je conseille d'utiliser l'Xacto pour le petit chat qui demande plus de précision.

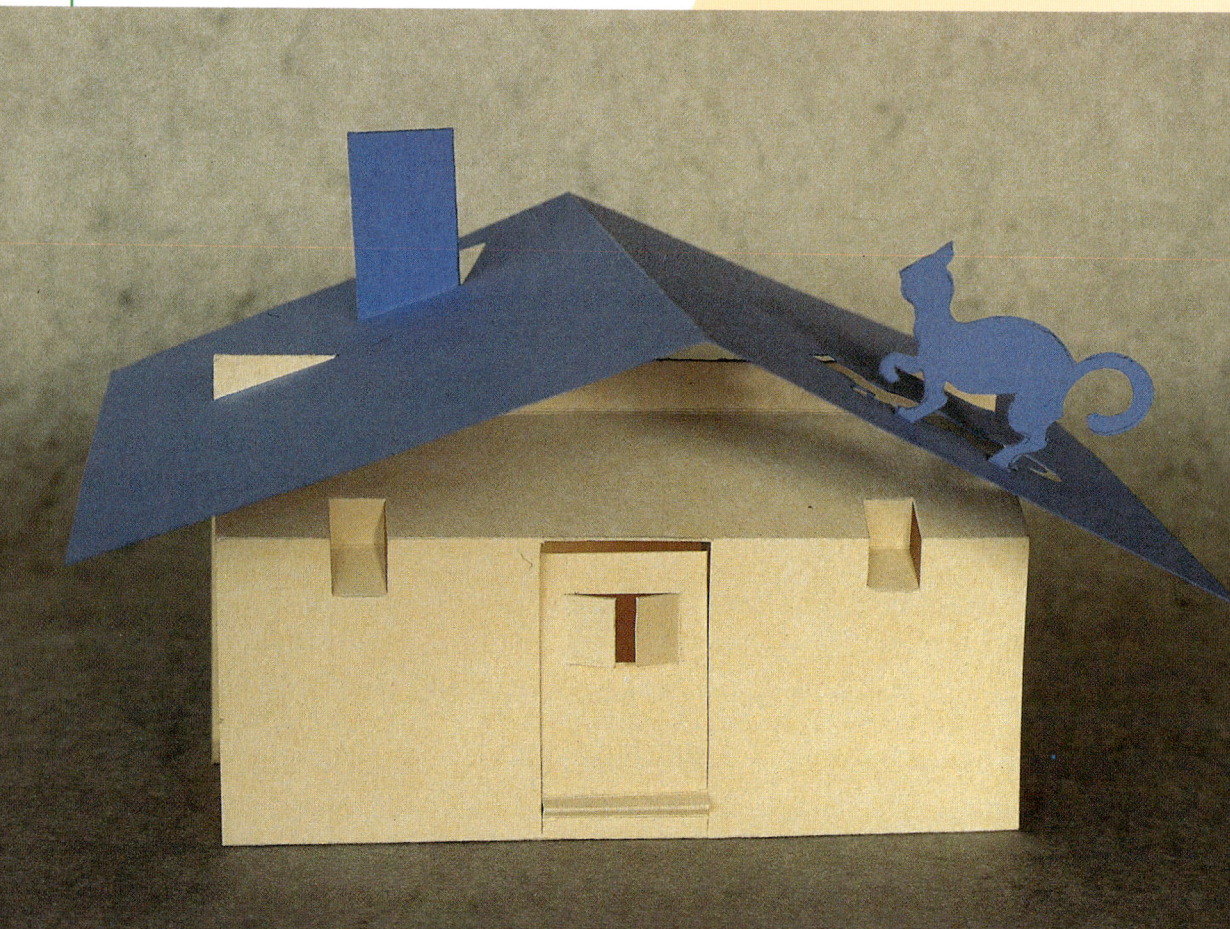

Unifolia
(Évocation d'une fleur d'arum)

DIFFICULTÉ
■ ■

MATÉRIEL
- un réglet métallique gradué
- un crayon à papier
- un cutter
- une planche à découper
- un plioir ou un stylo à bille usé
- une feuille format A5 de 200 g/m²
- une feuille format A6 de 100g/m² maximum
- du papier calque standard
- un bâton de colle

LE MOTIF FLORAL

1. Pliez la feuille A5 en marquant une rainure médiane de manière à obtenir une carte de format A6.

2. Remettez la feuille à plat et reportez au crayon léger le motif du modèle 6 de façon que son emplacement soit optimal dans la partie droite de la feuille.

3. Découpez selon le plan de travail détaillé ci-contre (figures 1 à 9). Le pistil de cette fleur à un seul pétale est très stylisé : de courtes languettes carrées sont assemblées le long d'un tentacule incurvé.

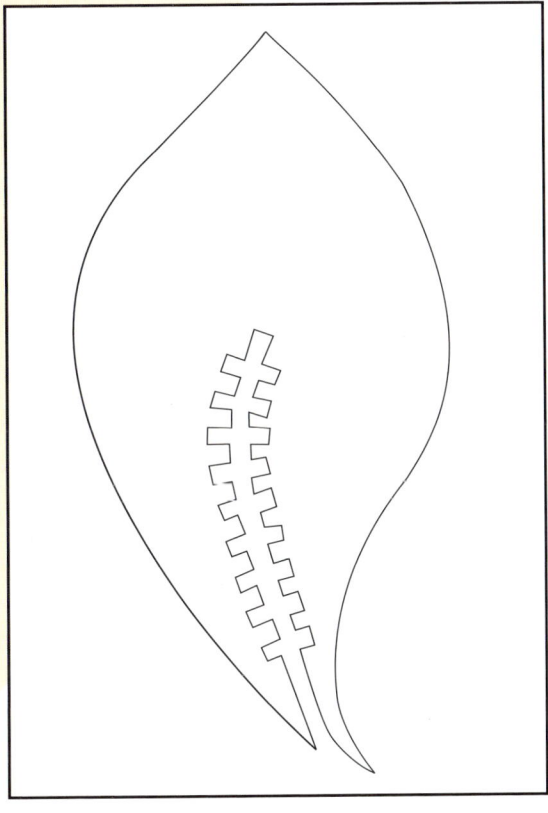

Modèle 6

Les kirigami

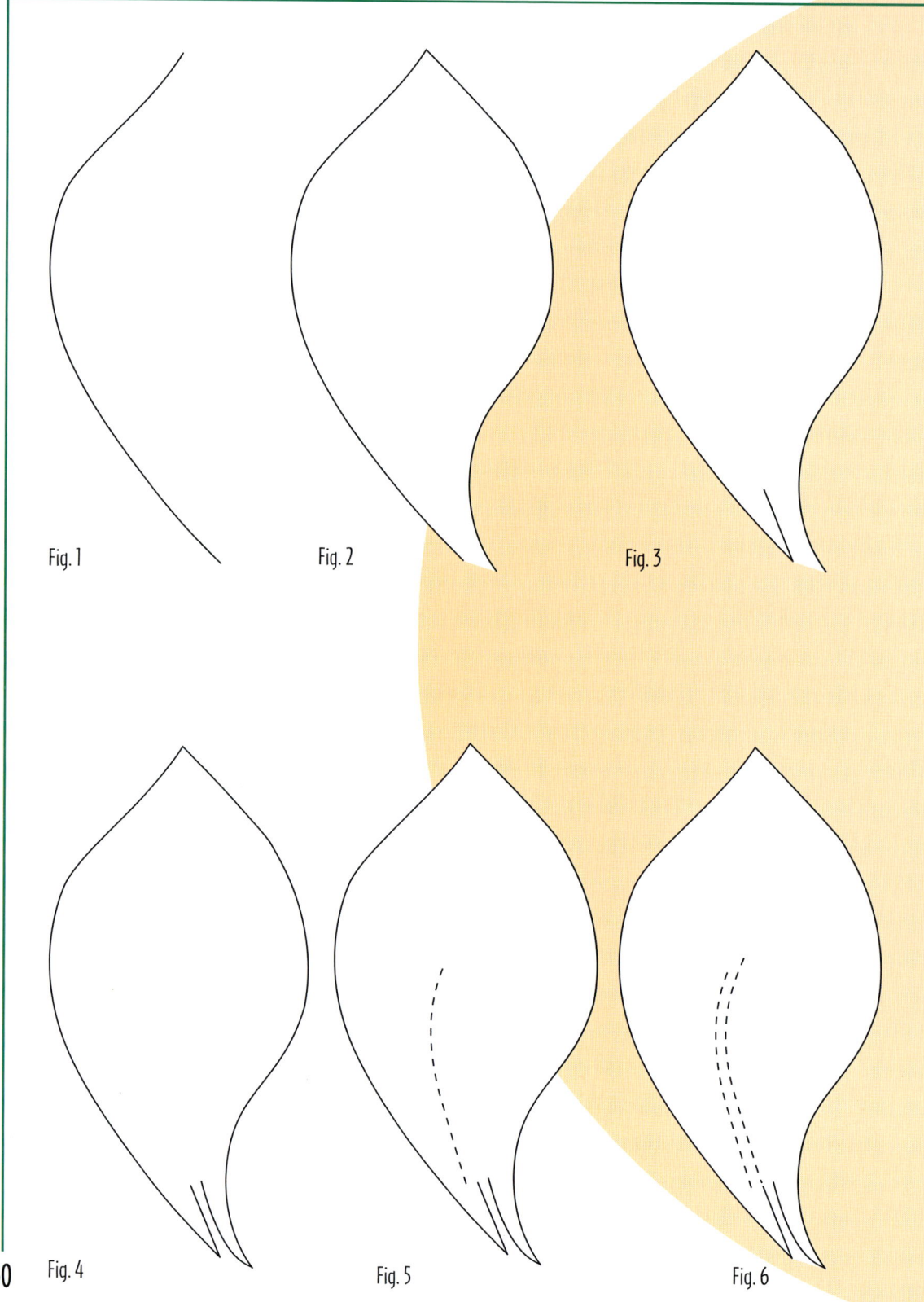

Fig. 1 Fig. 2 Fig. 3

Fig. 4 Fig. 5 Fig. 6

Réalisations

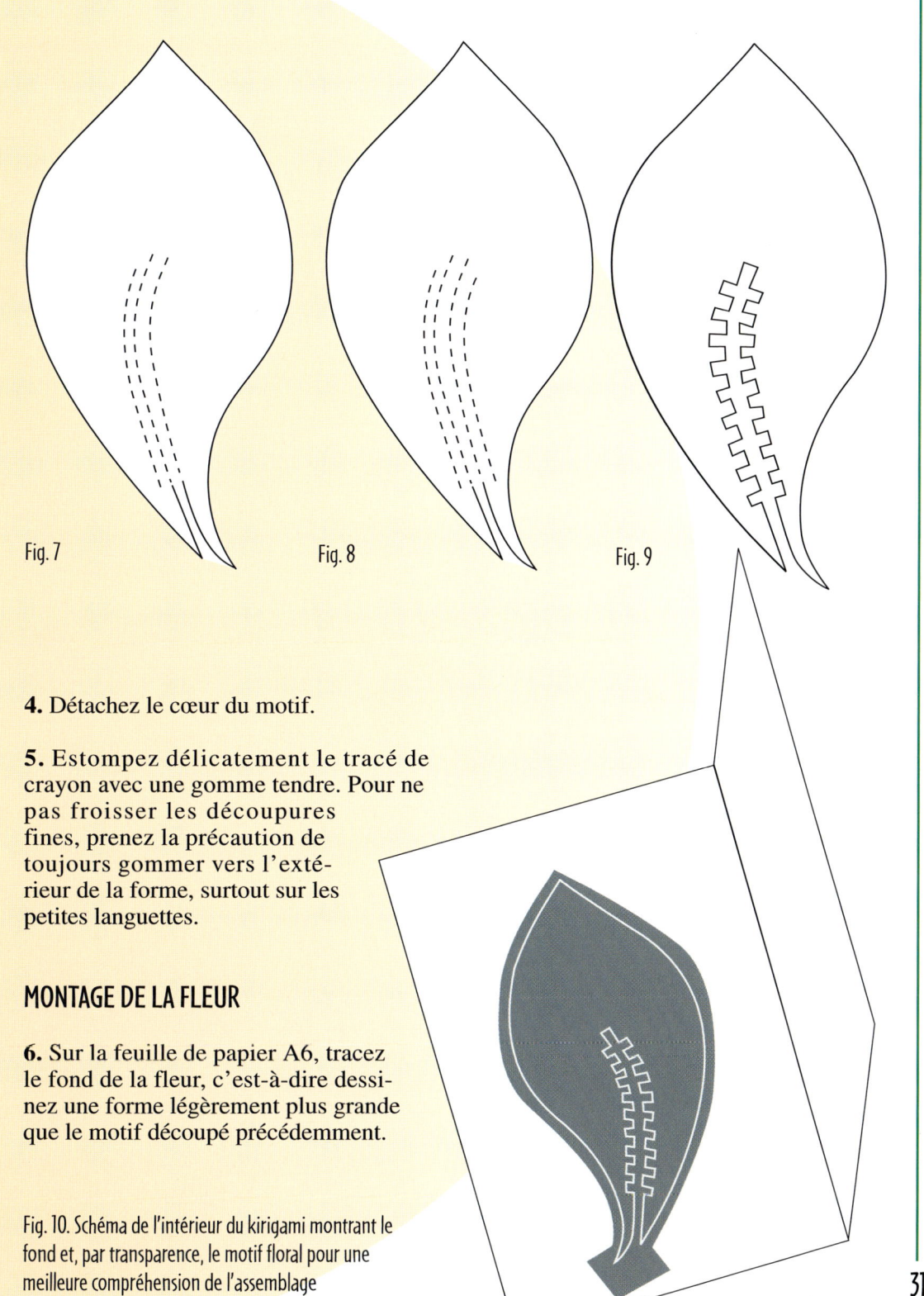

Fig. 7 Fig. 8 Fig. 9

4. Détachez le cœur du motif.

5. Estompez délicatement le tracé de crayon avec une gomme tendre. Pour ne pas froisser les découpures fines, prenez la précaution de toujours gommer vers l'extérieur de la forme, surtout sur les petites languettes.

MONTAGE DE LA FLEUR

6. Sur la feuille de papier A6, tracez le fond de la fleur, c'est-à-dire dessinez une forme légèrement plus grande que le motif découpé précédemment.

Fig. 10. Schéma de l'intérieur du kirigami montrant le fond et, par transparence, le motif floral pour une meilleure compréhension de l'assemblage

Les kirigami

7. Découpez ensuite ce fond aux ciseaux.

8. Positionnez-le sur l'envers du volet frontal de la feuille A5 (voir figure 10).

9. Une fois que le placement vous convient, fixez la partie inférieure du fond par un point de colle sur l'envers de la base de la fleur.

10. Une fois que la colle est bien sèche, galbez le pétale en le faisant rouler sur lui-même.

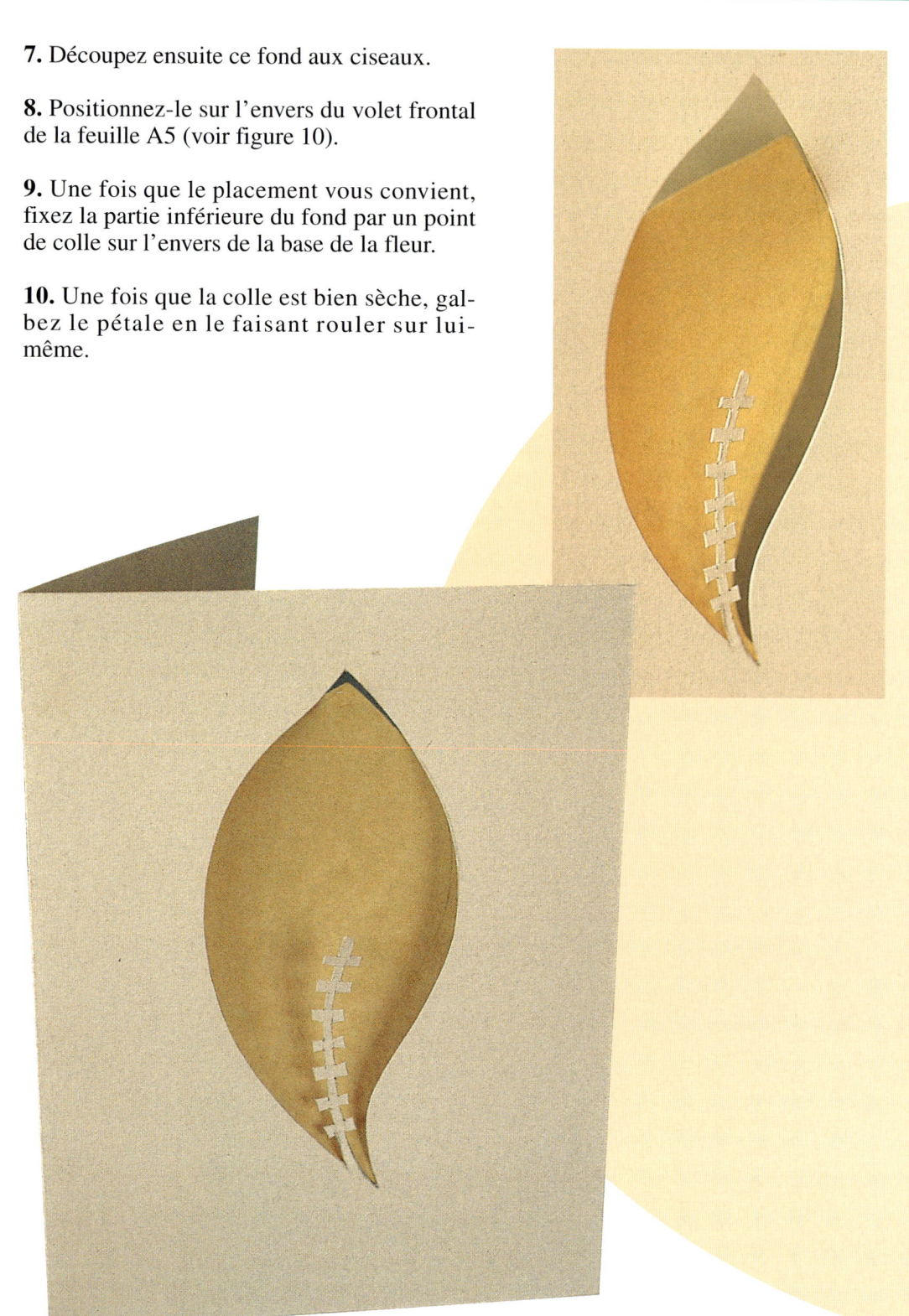

Trifolia

DIFFICULTÉ
■

MATÉRIEL
- un réglet métallique gradué
- un crayon à papier
- un cutter
- une planche à découper
- un plioir ou un stylo à bille usé
- une feuille de papier calque coloré format A5 de 200 g/m²
- du papier calque standard

RÉALISATION

1. Sur la feuille de calque coloré, marquez au plioir ou au stylo à bille usé une rainure la partageant en deux volets identiques.

2. À l'aide du papier calque standard, reportez le modèle 7 sur le calque coloré.

3. Gravez au plioir ou au stylo à bille usé les pliures du motif puis incisez les lignes pleines pour libérer les pétales et évider le centre.

4. Donnez maintenant une forme à la fleur : les pétales comportent chacun deux plis inversés ; le cœur, quant à lui, est comme un gaufrage dans l'épaisseur du papier calque.

REMARQUES

Comme les calques colorés ne sont en général pas teintés dans la masse, la gravure du motif central triangulaire va faire apparaître, si vous appuyez généreusement, la couche translucide incolore du calque. Pour cela, le calque doit être bien entendu suffisamment épais.

Les kirigami

Modèle 7

Réalisations

Les kirigami

Quadrifolia

DIFFICULTÉ
■ ■

MATÉRIEL
- un réglet métallique gradué
- un crayon à papier
- un cutter
- une planche à découper
- un plioir ou un stylo à bille usé
- trois feuilles de papier couleur pastel ou à texture assorties entre elles, deux de format A5 et une de format A4 (qui formera la carte)
- du papier calque standard
- un bâton de colle

LA CARTE AJOURÉE

1. Prenez la feuille A4 et marquez-la de deux lignes médianes perpendiculaires entre elles de manière à obtenir un format A5 replié sur lui-même.

2. Remettez la feuille à plat et, à l'aide du calque, reportez au crayon à papier sur le volet du bas à droite les contours extérieurs du modèle 8.

3. À l'aide du cutter, suivez ce tracé afin d'éliminer l'intérieur du motif.

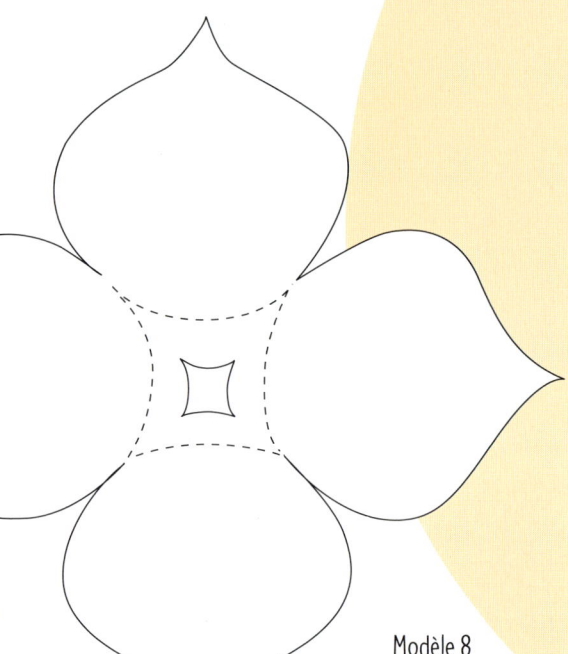

Modèle 8

Réalisations

Fig. 1. Positionnement de la fleur derrière le volet ajouré

LES PÉTALES EN RELIEF

4. Sur l'une des feuilles A5, reportez le modèle 8 et découpez le motif.

5. À l'aide du plioir ou du stylo à bille usé, faites dessus des rainures en arc de cercle à la base des pétales en suivant les pointillés du modèle.

6. Galbez les pétales en leur donnant un léger relief. Pour cela, mettez votre index à la base du pétale, par-dessous, et votre pouce par-dessus, puis, par de légères pressions, faites-les « gonfler » par rapport au cœur de la fleur.

7. Découpez le centre de ce cœur en l'incisant de quatre petits arcs de cercle.

LE FOND

8. Sur l'autre feuille A5, pratiquez une rainure médiane dans la longueur. Pliez la feuille et remettez-la à plat.

9. Rabattez la moitié supérieure de la feuille A4 derrière la moitié inférieure et glissez la feuille A5 à l'intérieur.

10. Glissez la fleur en relief sous le volet ajouré et positionnez-la de façon qu'elle apparaisse au centre du motif évidé, en la faisant pivoter sur elle-même de 45° (voir figure 1).

11. Fixez-la sur le fond de quelques points de colle de part et d'autre du cœur (laissez les pétales libres pour ne pas les aplatir).

Rosée du matin

DIFFICULTÉ
■ ■ ■

MATÉRIEL
- un réglet métallique
- une planche à découper
- un crayon à papier avec une pointe affûtée (ou un Critérium 0,5 mm)
- une feuille de papier format A5 texturé de couleur (180 g à 220 g/m^2)
- une feuille de calque
- un plioir ou un stylo à bille usé

RÉALISATION

1. Reportez sur votre carte le modèle 9.

2. Incisez les lignes pleines et marquez les pointillés à l'aide du plioir ou du stylo à bille usé.

3. Gommez avec soin les traces de crayon puis pliez délicatement les pétales suivant les marques.

PROCÉDURE PLUS SIMPLE

1. Prenez une feuille format A4 et tracez dessus les contours de votre carte au format voulu. Ajoutez une marge de 1 à 2 cm tout autour et découpez le long de cette marge.

2. Décalquez le modèle 9 ainsi que la position des quatre coins du cadre.

3. Collez ce calque sur la marge de la carte en plaçant le motif à l'aide des quatre coins.

4. Le calque fixé, incisez les lignes du motif et marquez les pliures des pétales à travers les deux épaisseurs.

5. Ce travail terminé, découpez la marge autour du format de votre carte (le calque partira par la même occasion).

6. Soulevez alors doucement les pétales selon les pliures.

Les kirigami

Modèle 9

Réalisations

Floraison tardive

DIFFICULTÉ
■

MATÉRIEL
- un réglet métallique gradué
- un crayon à papier (ou un Critérium)
- un cutter
- une planche à découper
- un stylo à bille usé
- de la colle liquide ou en bâton
- deux feuilles de papier de couleur : une verte et une mauve (ou d'autres couleurs de votre choix) entre 90 et 180 g/m²

RÉALISATION

1. Choisissez le format de votre carte puis découpez les deux feuilles de couleur à la taille voulue.

2. Étalez la colle en une couche fine, qui soit la plus régulière possible, sur l'une des feuilles puis plaquez-la sur l'autre feuille de couleur. Pour parfaire le collage, vous pouvez le presser entre deux surfaces rigides avec un poids par-dessus (des livres, par exemple).

3. Reportez alors les motifs du modèle 10 sur la moitié droite de votre carte.

4. Découpez en plusieurs passages, avec le cutter.
Attention ! si vous appuyez trop fort, il est difficile d'obtenir de belles courbes.
Marquez bien les pliures au stylo à bille usé ou au plioir.

5. Enfin, marquez bien la pliure intérieure au milieu de la carte à l'aide du stylo à bille usé.
Enfin, repliez doucement la carte sur elle-même (en effet, la refermer trop brutalement pourrait tendre à l'excès le papier extérieur sur la pliure et le déchirer).

Les kirigami

Le lampion

DIFFICULTÉ
■

MATÉRIEL
- un réglet métallique gradué
- un crayon à papier
- un cutter
- une planche à découper
- un plioir ou un stylo à bille usé
- une feuille de papier bicolore format A5 de 160 g/m²
- du papier calque standard

PRÉPARATION

1. Marquez au plioir ou au stylo à bille usé une ligne médiane perpendiculaire à la longueur de la feuille A5.

2. Reportez à l'aide du calque le modèle 11 sur le volet droit de votre feuille.

Modèle 11

3. Découpez le long des traits en veillant à ne pas inciser les attaches centrales ; pour les parties rectilignes, coupez en faisant glisser le cutter le long du réglet.

MISE EN VOLUME

4. Faites pivoter la partie externe du lampion (voir figure 1) de 30° par rapport à l'axe vertical d'attache. Ensuite, faites avancer la partie du milieu dans le sens inverse. Continuez avec la partie du centre dans le sens inverse de la précédente, c'est-à-dire comme la partie externe.

Fig. 1. Orientées en sens inverse les unes des autres, les trois parties du lampion prennent chacune la lumière de manière différente

Réalisations

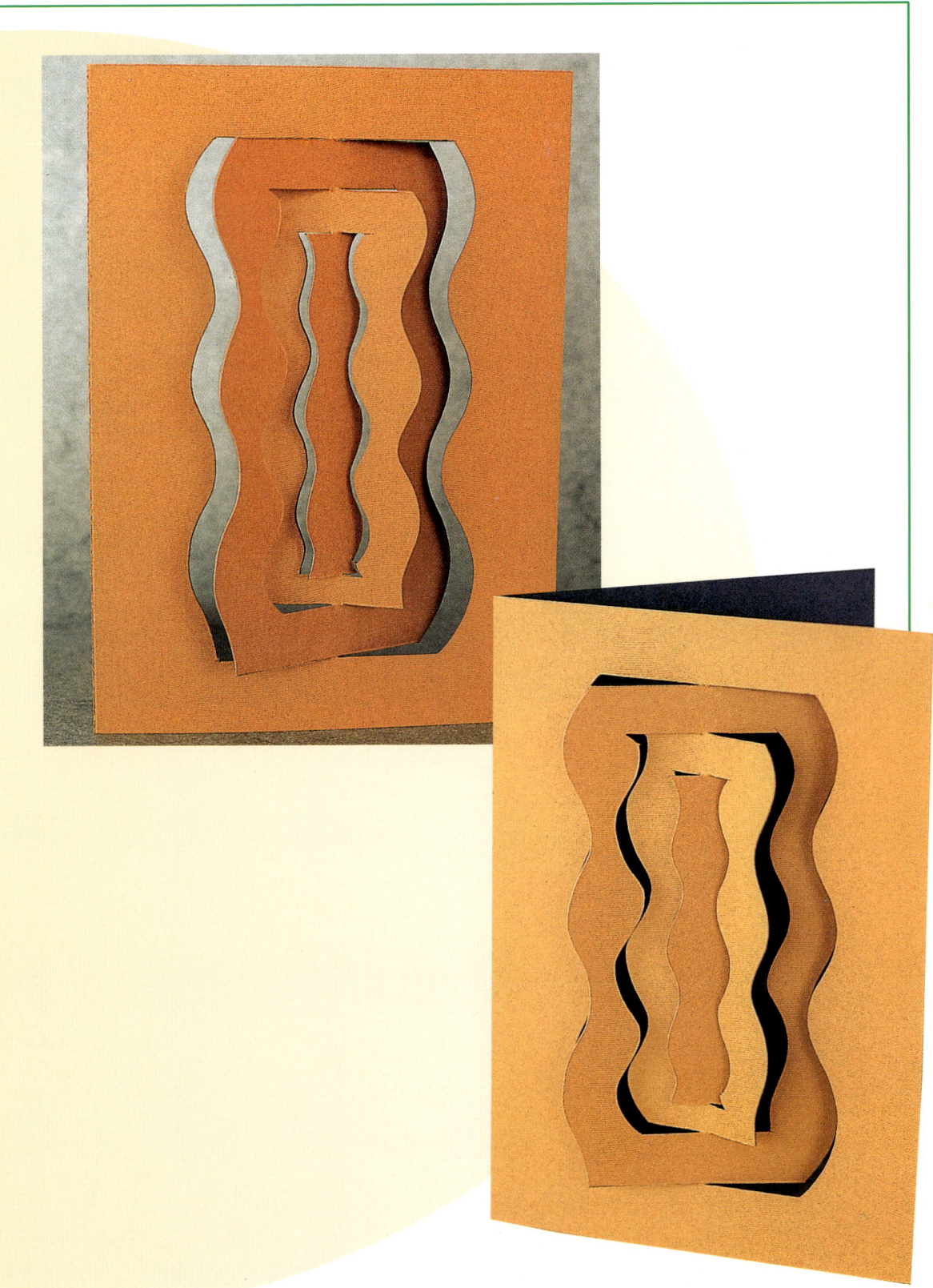

Les kirigami

La danse des chats

DIFFICULTÉ
■ ■

MATÉRIEL
- un réglet métallique gradué
- un crayon à papier
- un cutter ou un Xacto
- une planche à découper
- un plioir ou un stylo à bille usé
- une feuille de papier format A5 de 120 g/m^2
- du papier calque standard

RÉALISATION

1. Reportez à l'aide du calque la silhouette des trois chats (modèle 12) au crayon sur votre papier A5.

2. Incisez le long des lignes pleines du tracé, puis marquez les lignes en pointillé avec le plioir.

3. Formez ensuite suivant ces marques des plis inversés de façon que les chats dansent par-devant le décor.

Réalisations

Modèle 12

Les kirigami

Le gros dormeur roulé en boule

DIFFICULTÉ
■ ■

MATÉRIEL
- un réglet métallique gradué
- un crayon à papier
- un cutter
- une planche à découper
- un plioir ou un stylo à bille usé
- une feuille de papier format A5 de 160 g/m²
- du papier calque standard

DÉCOUPE DU CHAT

1. Reportez le modèle 13 sur le papier choisi à l'aide du calque.

2. Incisez soigneusement au cutter les lignes pleines. Comme ce modèle est réalisé dans un papier épais, vous devez penser que votre trait de coupe doit être ferme et appuyé. Pour le dos du chat, vous pouvez vous aider d'un pistolet à courbes, mais cela n'a rien d'obligatoire. Évidez légèrement les traits de la tête en veillant à la laisser attachée à la feuille.

3. Marquez au plioir ou au stylo à bille usé les lignes en pointillé. Pour le pli médian, veillez à bien interrompre la rainure sur la partie centrale du « colimaçon ».

MISE EN VOLUME

4. La mise en volume est assez libre et se prête à l'effet que vous voulez obtenir… Vous pouvez faire avancer certaines parties de l'image et en faire reculer d'autres, tout en laissant le fond inchangé.

REMARQUES

Pour ce kirigami, j'ai choisi un papier recyclé de fond crème incrusté de petites taches plus sombres, mais vous pouvez opter pour un autre papier suffisamment épais pour tenir sur la tranche une fois ouvert. Lorsque vous tracez les courbes au cutter, travaillez d'un seul geste, en prenant votre élan ; si l'on s'y reprend à plusieurs fois, le tracé est discontinu, et ce chat sera moins joli si la courbure du dos est irrégulière.

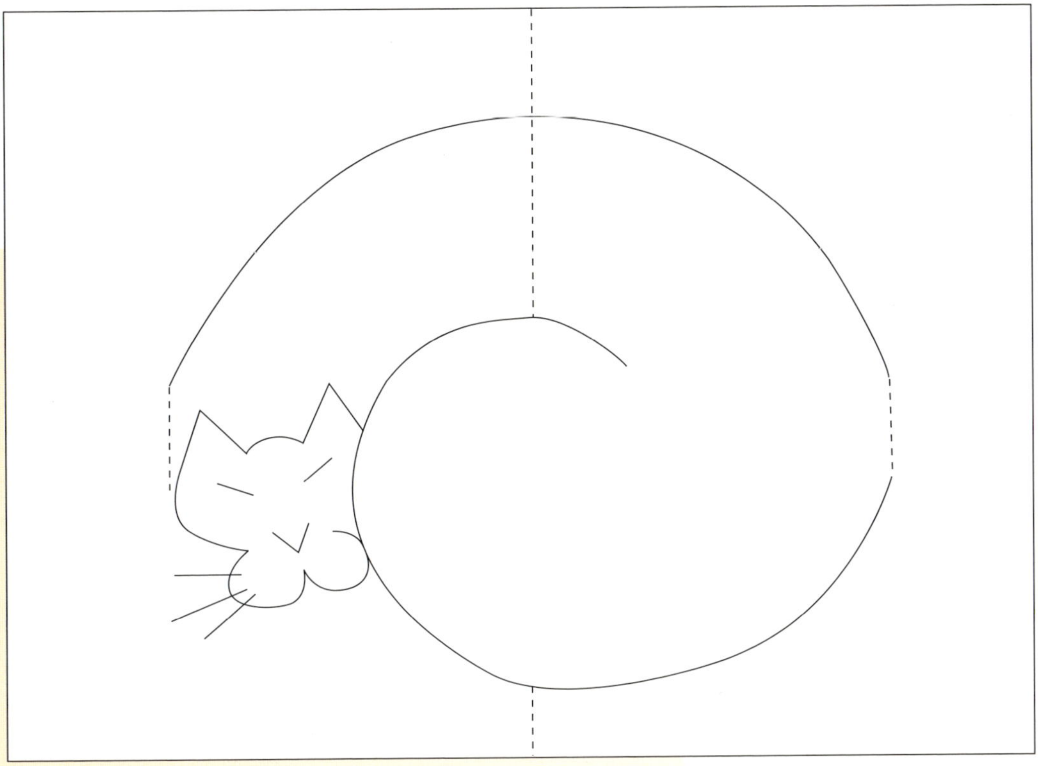

Réalisations

Modèle 13

Les kirigami

Confidences au clair de lune

DIFFICULTÉ
■ ■

MATÉRIEL
- un réglet métallique gradué
- un crayon à papier
- un cutter
- un Xacto
- une planche à découper
- un plioir ou un stylo à bille usé
- une feuille de papier format A5 bleu nuit de 160 g/m²
- du papier calque standard

RÉALISATION

1. Reportez le modèle 14 sur le papier bleu nuit à l'aide du papier calque.

2. Incisez le long des lignes pleines. Pour découper les yeux et les moustaches des deux chats, veillez à utiliser une lame très affûtée.

Modèle 14

Réalisations

3. Marquez l'emplacement des plis à l'aide du plioir ou du stylo à bille usé.

4. Pour la mise en volume, formez des plis inversés de manière à faire avancer les chats par rapport au fond.

REMARQUES

D'une façon générale, la qualité de vos outils est primordiale. Renouvelez très régulièrement la lame de votre cutter et changez celle de l'Xacto dès qu'elle montre des signes de faiblesse (découpures se détachant mal ou montrant de petites barbes).

Les kirigami

La chasse au papillon

DIFFICULTÉ
■ ■ ■

MATÉRIEL
- un réglet métallique gradué
- un crayon à papier
- un cutter
- un Xacto
- une planche à découper
- une feuille de papier format A5 de 120 g/m² maximum
- du papier calque standard

RÉALISATION

1. Décalquez le modèle 15 sur le papier choisi.

2. Évidez les lignes pleines de façon harmonieuse.

REMARQUES

La principale difficulté est de dédoubler les découpes de certains contours du motif pour lui donner une certaine subtilité. Les ouvertures ainsi créées soulignent la générosité d'un volume ou la fragilité d'une forme. Ne choisissez pas un papier trop épais. Les entailles sont parfois tellement minutieuses que je vous conseille d'utiliser l'Xacto pour obtenir le maximum de finesse.

Les kirigami

Réalisations

Kyrielle d'étoiles

DIFFICULTÉ
■

MATÉRIEL
- un réglet métallique gradué
- un crayon à papier
- un compas
- un cutter
- une planche à découper
- un plioir ou un stylo à bille usé
- du papier calque standard
- un carton de brouillon épais (200 à 300 g/m^2)
- plusieurs papiers fins (80 g/m^2) de couleurs différentes
- plusieurs calques (80 g/m^2) de couleurs différentes
- plusieurs feuilles de couleur format A5 (120 à 200 g/m^2)
- un bâton de colle

J'ai choisi de décliner des étoiles construites sur une base pentagonale (voir figure 1), mais vous pouvez très bien partir d'un carré (étoile à quatre branches, figure 2) ou d'un hexagone (étoile à six branches, figure 3).

CONSTRUCTION DES GABARITS

1. Décalquez les modèles 16 et 17 et reportez ces calques l'un à côté de l'autre sur le carton de brouillon épais.

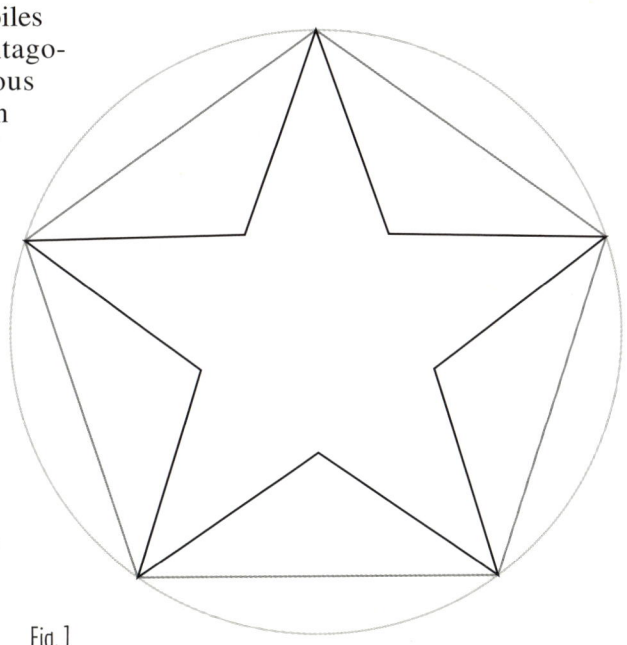

Fig. 1

Les kirigami

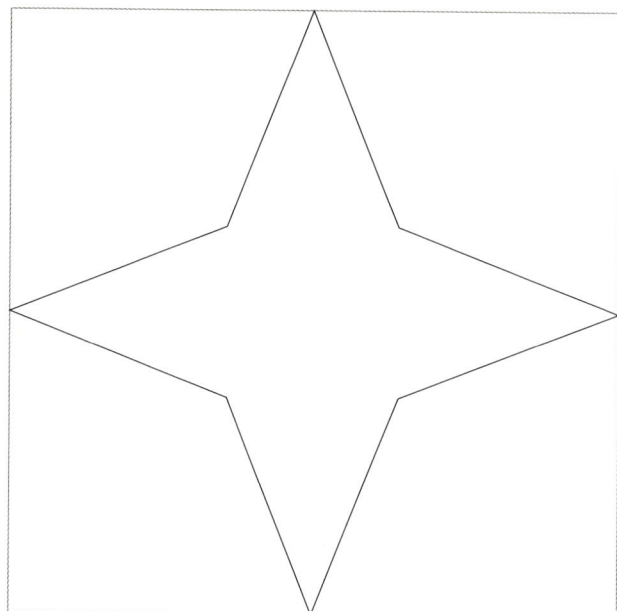

Fig. 2

Fig. 3

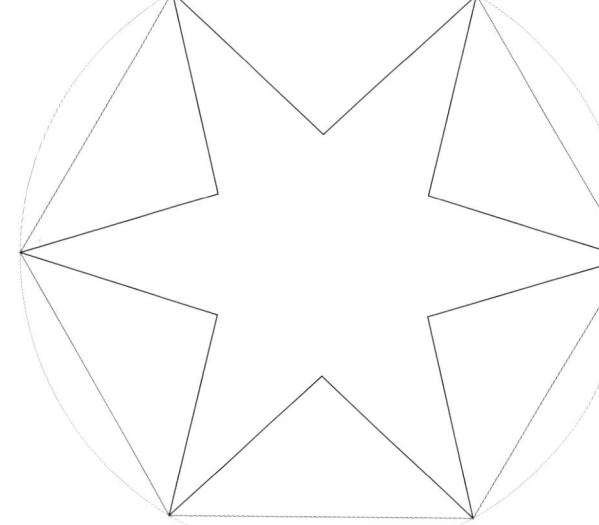

2. Coupez les contours au cutter. Vous avez maintenant deux gabarits homothétiques qui vont vous permettre de confectionner une kyrielle d'étoiles)…

LES ÉTOILES

À partir du tracé de la grande étoile (obtenu en traçant les contours extérieurs du grand gabarit posé sur un papier coloré), vous allez pouvoir créer des motifs variés : entailles intérieures parallèles aux bords des branches de l'étoile et s'arrêtant à la limite du pentagone central, ou triangles inscrits les uns dans les autres…

Réalisations

Modèle 16

En superposant des tracés de la grande et de la petite étoile, vous obtiendrez des motifs combinatoires intéressants, d'autant plus que vous pouvez faire pivoter la petite étoile de 36° pour que ses extrémités apparaissent entre les branches de la grande étoile soit par-dessus, soit par-dessous.

Modèle 17

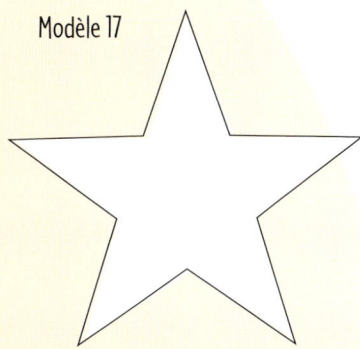

Pour obtenir ce motif, on trace le contour de la grande étoile sur la carte de fond et on évide les pointes de ses branches. La petite étoile est découpée dans un papier différent puis collée au centre de la grande, ses branches sont orientées dans le même axe que celles de la grande étoile

59

Les kirigami

Le même motif, construit à l'envers, peut être complété d'une figure supplémentaire

Le tracé de base des étoiles peut s'enrichir de découpes intérieures : ici, des plis intérieurs parallèles aux bords des branches et des incisions transversales à la limite du cœur de l'étoile et dans l'axe des branches…

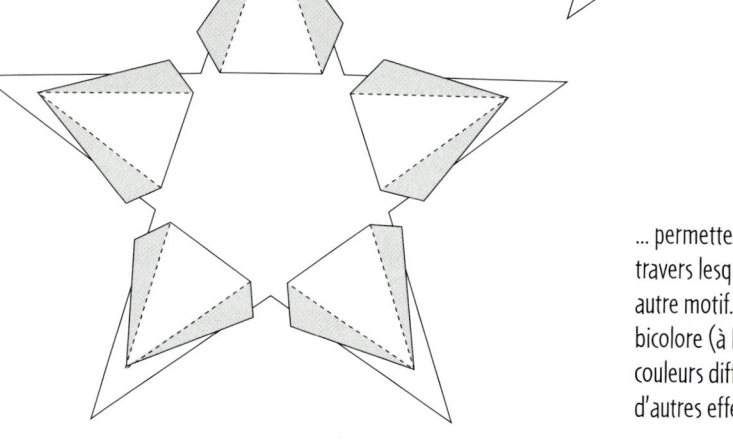

… permettent d'ouvrir des fenêtres à travers lesquelles apparaît un fond ou un autre motif. L'utilisation d'un papier bicolore (à l'envers et l'endroit de deux couleurs différentes) autorise encore d'autres effets graphiques

Réalisations

Cette rosace se crée à partir d'une seule étoile au contour reporté deux fois avec une rotation de 36°. On évide ensuite les branches selon deux motifs géométriques alternés : l'un prend toute la largeur de la branche et l'autre juste une fine bande parallèle au tracé

L'ajout de motifs découpés non symétriques apporte un certain dynamisme à la figure de base

Motif délicat de fines entailles parallèles, l'une sur le tracé de l'étoile et l'autre à l'intérieur

Les kirigami

Superposition d'étoiles concentriques de teintes différentes donnant une impression de profondeur

Par la fenêtre...

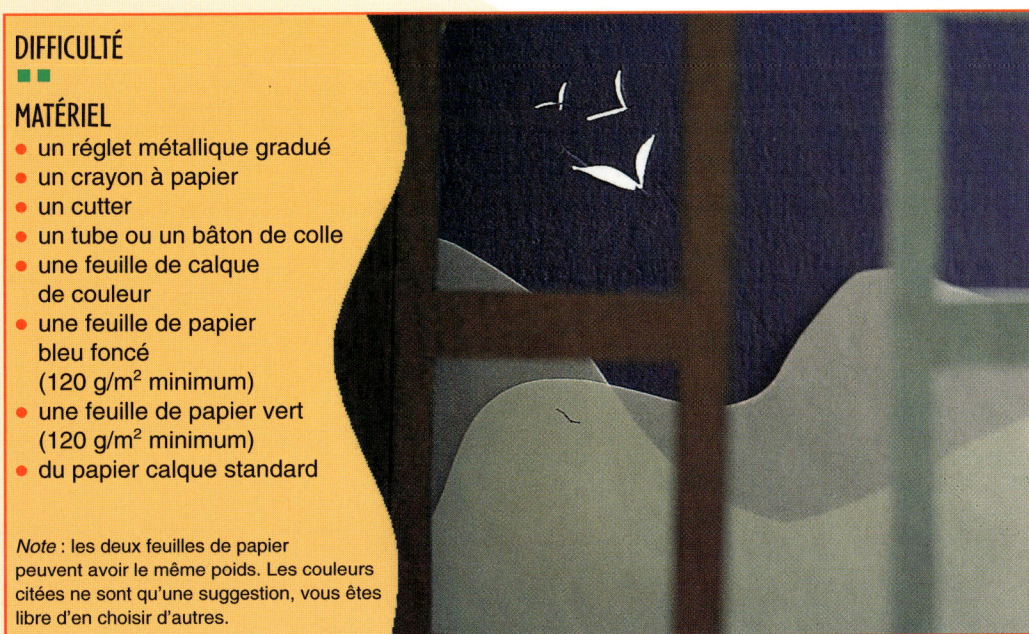

DIFFICULTÉ
■ ■

MATÉRIEL
- un réglet métallique gradué
- un crayon à papier
- un cutter
- un tube ou un bâton de colle
- une feuille de calque de couleur
- une feuille de papier bleu foncé (120 g/m² minimum)
- une feuille de papier vert (120 g/m² minimum)
- du papier calque standard

Note : les deux feuilles de papier peuvent avoir le même poids. Les couleurs citées ne sont qu'une suggestion, vous êtes libre d'en choisir d'autres.

RÉALISATION

1. Une fois choisi le format de votre découpage, découpez les deux feuilles de papier coloré à la taille voulue. Attention à ne pas prendre une taille trop petite, les découpes d'oiseaux deviendraient alors impossibles.

2. Collez les deux feuilles de couleur l'une sur l'autre ; la colle doit être étalée le plus régulièrement possible, spécialement à l'emplacement de la fenêtre.

3. Reportez à l'aide du calque le modèle 18 sur la face colorée qui sera l'intérieur de la carte.

4. Incisez les lignes pleines au cutter, évidez les carreaux de la fenêtre et marquez bien les pliures au plioir ou au stylo à bille usé afin de pouvoir ouvrir nettement les battants de la fenêtre (qui résisteront, deux feuilles collées ensemble se comportant un peu comme un ressort). Découpez les oiseaux en plusieurs passages, avec le cutter. Attention ! si vous appuyez trop fort, il est difficile d'obtenir de belles courbes.

5. Reportez les contours des motifs paysagers (modèles 19 et 20 ; là encore, vous êtes libre de créer vos propres formes) sur la feuille de calque de couleur et découpez-les.

6. Glissez les bords verticaux des motifs paysagers dans leurs entailles.

7. Enfin, marquez bien la pliure intérieure au milieu de la carte à l'aide du

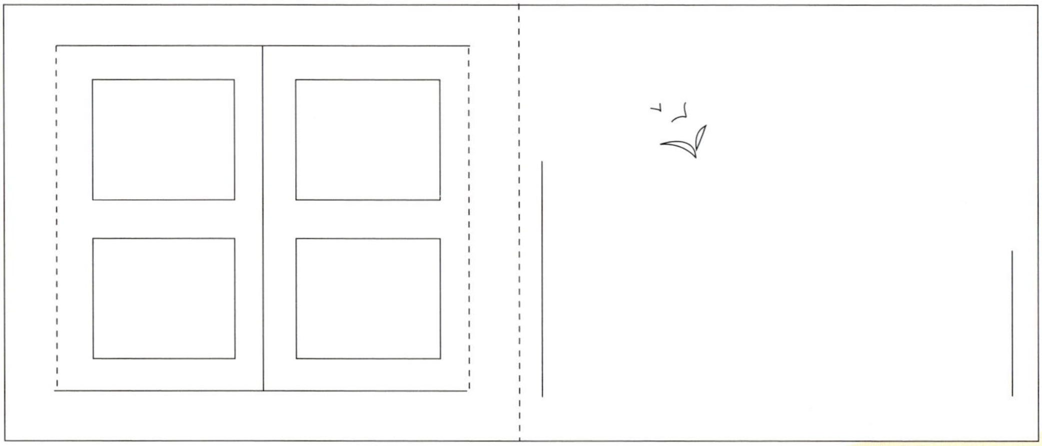

Modèle 18

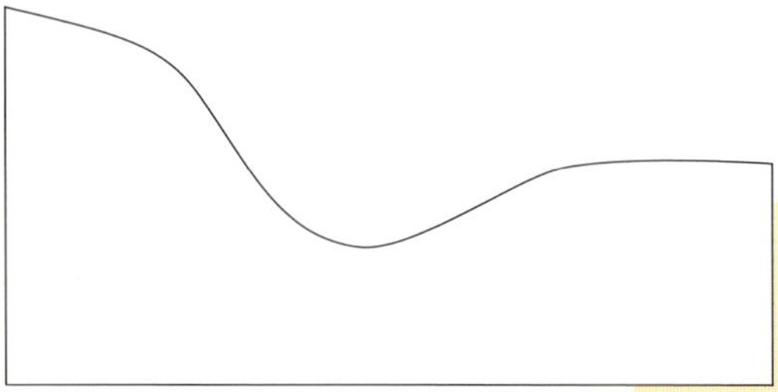

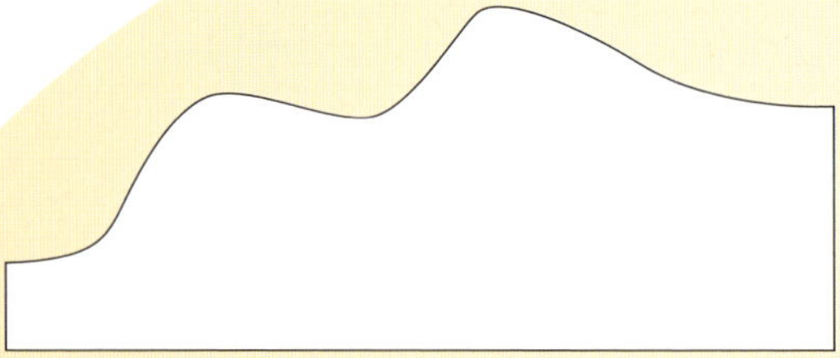

Modèle 19   Modèle 20

stylo à bille usé et repliez doucement la carte sur elle-même (en effet, rabattre trop brutalement les volets pourrait trop tendre le papier extérieur sur la pliure et le déchirer).

Le cygne au bord de l'eau

DIFFICULTÉ
■ ■

MATÉRIEL
- un réglet métallique gradué
- un crayon à papier
- un cutter
- une planche à découper
- un plioir ou un stylo à bille usé
- une feuille de papier format A5 de 160 g/m²
- du papier calque standard

LE CYGNE

1. Décalquez le dessin du modèle 21 sur le papier choisi.

2. Incisez le long des lignes pleines en veillant à ne pas détacher le bec de la tête. Comme ce modèle est réalisé dans un papier épais, pensez que votre trait de coupe doit être ferme et appuyé. Pour le dos du cygne, vous pouvez vous aider d'un pistolet à courbes, mais ce n'est pas indispensable.

3. Préparez les plis avec le plioir ou le stylo à bille usé. Tous les plis de ce kirigami sont très simples et rectilignes, vous pouvez donc vous aider de la règle pour les marquer puis les mettre en forme.

LES TROIS VAGUES

4. Les trois ondulations qui évoquent l'eau peuvent être réalisées selon votre inspiration : n'hésitez pas à vous détacher du modèle et à tracer les courbes qui vous paraissent le plus évocatrices, au lieu de suivre exclusivement le modèle. Incisez toujours leur ligne de crête.

REMARQUES

Une fois que le kirigami est mis en forme, sa meilleure tenue est l'assise perpendiculaire. Comme il peut se mettre à plat à votre convenance, vous pouvez l'envoyer par la poste à vos amis, soit replié sur lui-même dans une enveloppe de format A6, soit à plat dans une enveloppe de format A5.

Les kirigami

Modèle 21

L'envol de l'oiseau

DIFFICULTÉ
■ ■

MATÉRIEL
- un réglet métallique gradué
- un crayon à papier
- un cutter ou un Xacto
- une planche à découper
- un plioir ou un stylo à bille usé
- un petit pinceau
- une feuille format A5 de 80 g/m² (pour l'oiseau)
- une feuille format A5 de 200 g/m² (pour le fond)
- du papier calque standard
- un bâton de colle

DÉCOUPE DE L'OISEAU

1. Sur la feuille la plus légère, marquez une pliure médiane puis refermez la feuille sur cette ligne de façon à obtenir une carte format A6. Posez-la devant vous, la pliure à droite.

2. À l'aide du calque, reportez le modèle 22 sur la feuille en faisant coïncider la ligne en pointillé et la pliure.

Modèle 22

3. Procédez à la découpe, la feuille pliée en deux afin que le dessin soit parfaitement symétrique. L'œil peut être obtenu par perforation avec une aiguille, comme pour la colombe de la paix (voir page 19). N'incisez pas le sommet de la tête (voir figure 1) ni le bas du corps au-dessus de la queue – sans quoi le sujet se détacherait du fond.

MISE EN VOLUME

4. Quand toutes les découpes sont faites, ouvrez la feuille. Vous pouvez maintenant mettre en volume le bec, les ailes et la queue pour que l'oiseau donne l'impression de voler. Marquez au plioir ou au stylo à bille usé les lignes d'attache du sommet de la tête, du bec et de l'attache de la queue, puis les plis des ailes et de la queue en vous inspirant de la figure 2.

5. Pour le pliage des ailes et de la queue, faites alterner pli en avant et pli en arrière. Il est indis-

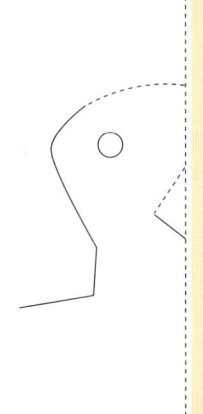

Fig. 1. Détail des traits de coupe et de pliure de la tête

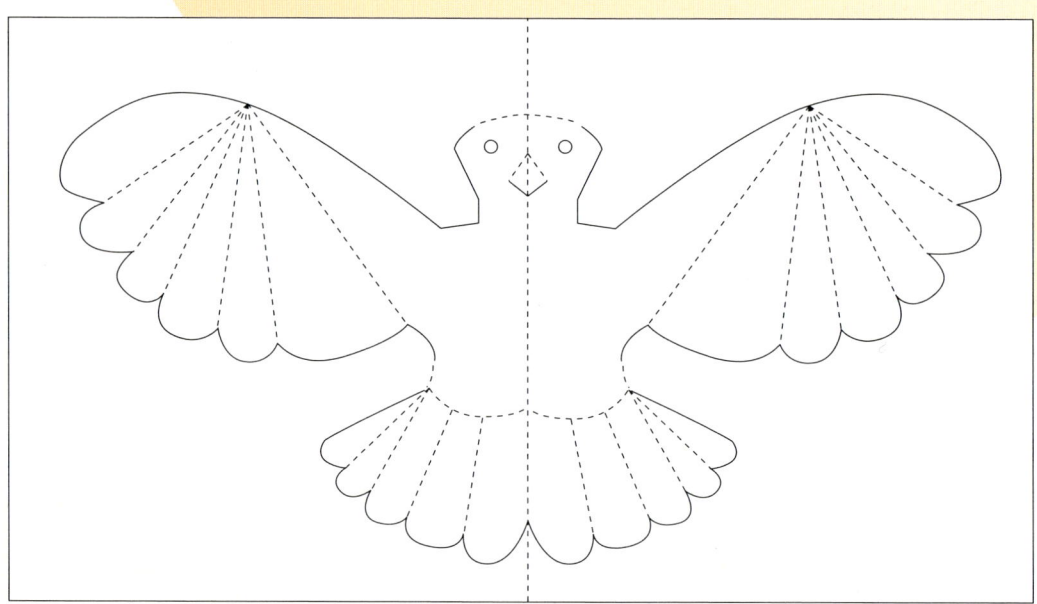

Fig. 2. Lignes de pliure des ailes et de la queue

Réalisations

pensable de réaliser cette opération avant de fixer l'oiseau au support.

6. Ensuite, fixez la feuille de l'oiseau sur le fond en faisant coïncider les bords ; ajoutez quatre points de colle derrière la naissance des ailes et la pointe de la queue de manière que le fond apparaisse sous les plumes déployées.

REMARQUES

Pour ce kirigami, j'ai choisi un papier japonais avec des inclusions de fibres végétales.
Vous pouvez néanmoins choisir toute sorte de papier, du moment qu'il vous inspire.

Le paon faisant la roue

DIFFICULTÉ
■ ■

MATÉRIEL
- un réglet métallique gradué
- un crayon à papier
- un cutter
- une planche à découper
- un plioir ou un stylo à bille usé
- une feuille de papier format A5 de 160 g/m²
- une feuille de papier calque de couleur format A6 de 80 g/m² maximum
- du papier calque standard

Pour ce kirigami, j'ai choisi un papier bleu-vert très épais pour le fond, et un calque fin de couleur bleu pâle pour l'éventail de la queue.
Dans la plupart de mes kirigami, je place la figure au centre du papier, mais ici j'ai préféré décentrer le paon dans la feuille.

2. Évidez les formes fermées et incisez les lignes ouvertes. L'œil peut être percé d'une épingle ou cousu d'une perle de couleur, selon votre gré.

RÉALISATION

1. Reportez le modèle 23 sur la feuille de papier A5 (tenue dans le sens de la hauteur), en plaçant la rainure horizontale à 6 cm du bord inférieur de la feuille, afin de laisser un grand espace à l'éventail de la queue déployée du paon.

Modèle 23

3. Reproduisez sur le calque de couleur le modèle 24 (la queue du paon) et découpez-le.

4. Introduisez par-devant les deux languettes de papier calque dans les fentes (AB et CD) prévues à cet effet de part et d'autre du corps du paon.

5. Marquez à l'aide du stylo à bille usé ou du plioir la ligne en pointillé qui court sous les pattes du paon, puis pliez le support à 90° vers l'arrière.
En éclairant le paon par-derrière et en jouant sur les variations lumineuses, vous ferez apparaître toutes les nuances de la transparence de la queue.

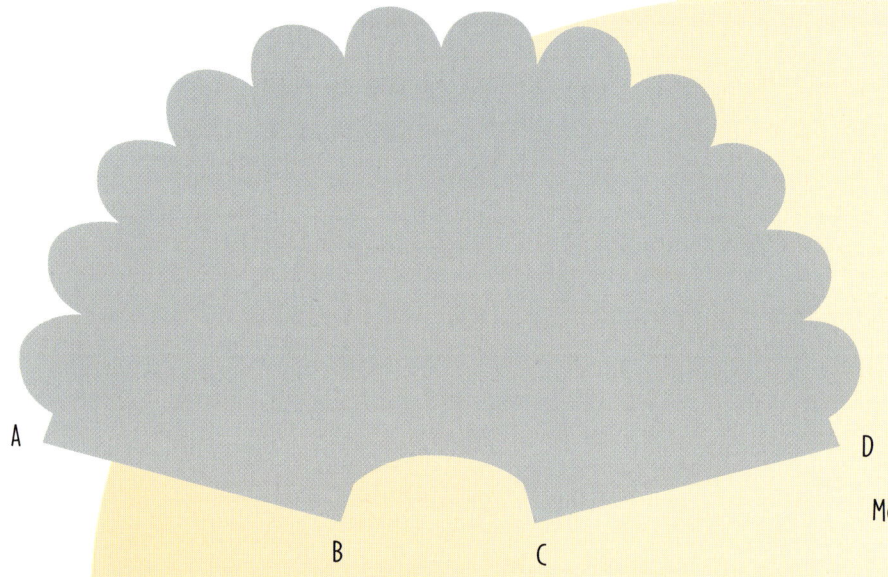

Les kirigami

A   D

B   C

Modèle 24

Migration

DIFFICULTÉ
■

MATÉRIEL
- un réglet métallique gradué
- un crayon à papier
- un cutter
- une planche à découper
- un plioir ou un stylo à bille usé
- une feuille de papier bleu format A5 de 120 g/m²
- du papier calque standard

RÉALISATION

1. Sur la feuille de papier, marquez un pli médian pour obtenir une carte de format A6.

2. Reportez sur le volet de droite le modèle 25 à l'aide du papier calque.

3. Évidez au cutter les silhouettes des oiseaux.

4. Pour finir, vous pouvez insérer une feuille blanche à l'intérieur de la carte, le motif se détachera d'autant mieux.

Les kirigami

Modèle 25

Réalisations

REMARQUES

Pour cette nuée d'oiseaux, sachez vous détacher du modèle pour créer votre propre composition. Sur ce modèle, les deux oiseaux du premier plan font entre 4 et 5 cm d'envergure et sont donc nettement plus grands que le reste des silhouettes, dont les dimensions décroissent à mesure qu'elles sont plus élevées pour donner une impression d'éloignement.
Le motif ne contient aucun pli hormis le pli médian, qui permet à la carte de tenir debout. C'est un excellent exercice que vous pourrez réaliser dès que vous vous sentirez à l'aise avec les courbes.

Les kirigami

Patchworks et tissages abstraits

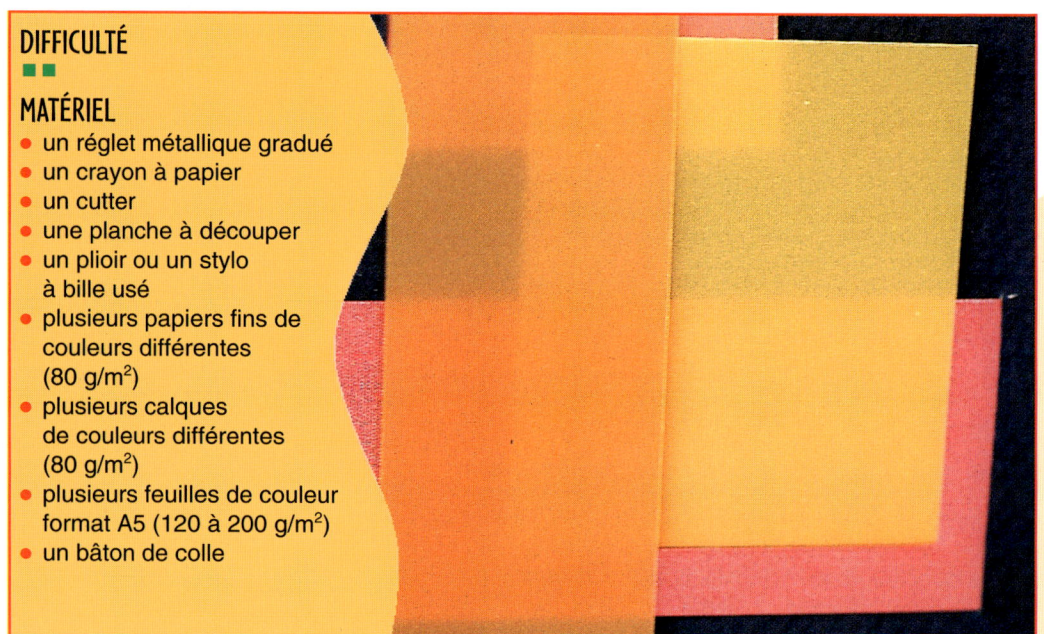

DIFFICULTÉ
■ ■

MATÉRIEL
- un réglet métallique gradué
- un crayon à papier
- un cutter
- une planche à découper
- un plioir ou un stylo à bille usé
- plusieurs papiers fins de couleurs différentes (80 g/m²)
- plusieurs calques de couleurs différentes (80 g/m²)
- plusieurs feuilles de couleur format A5 (120 à 200 g/m²)
- un bâton de colle

Pour les kirigami tissés, vous pouvez utiliser des papiers de récupération, des calques de couleur, des papiers à texture, du moment que les bandelettes qui vont constituer la trame sont d'un grammage moins important que la chaîne (le support d'attache).
J'ai choisi de détailler des tissages simples, à base de découpes rectilignes, et des tissages plus complexes, incluant des courbes et des éléments dessinés.
À vous de créer vos compositions, les patchworks et les tissages offrant une infinie variété de combinaisons décoratives. Ce thème permet toutes les expériences possibles à partir de motifs géométriques. Ces kirigami tissés faciles à réaliser produisent des cartes de vœux extraordinaires.

ILLUSTRATION DU PRINCIPE

1. Sur le volet de droite d'une feuille A5 pliée en deux et remise à plat, on pratique les incisions destinées à recevoir des bandes de papier (figure 1).

2. On insère ensuite ces bandes (il faut prévoir une légère marge dans leur longueur, qui dépassera sur l'envers du papier, à travers les incisions). Sur la figure 1, le rectangle de fond (A) est inséré en haut et en bas dans les entailles a et a' qui lui permettront de tenir en position verticale.
Le rectangle B (ici, du calque coloré) tiendra glissé par la gauche dans la fente b, et le rectangle C par la droite dans la fente c.

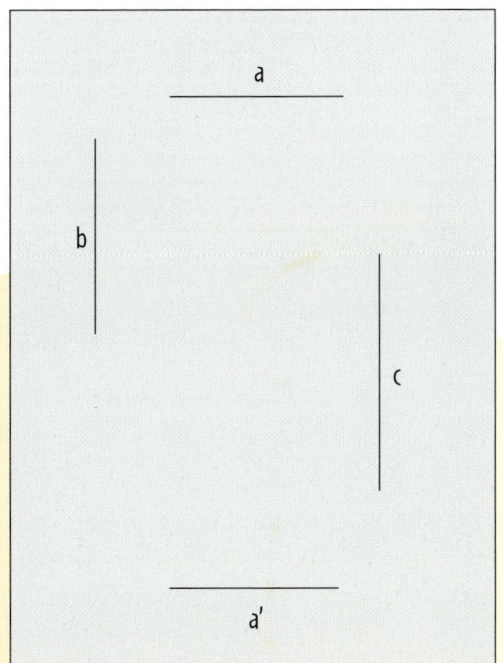

Fig. 1. La largeur des entailles correspond à celle des bandes que l'on va y glisser

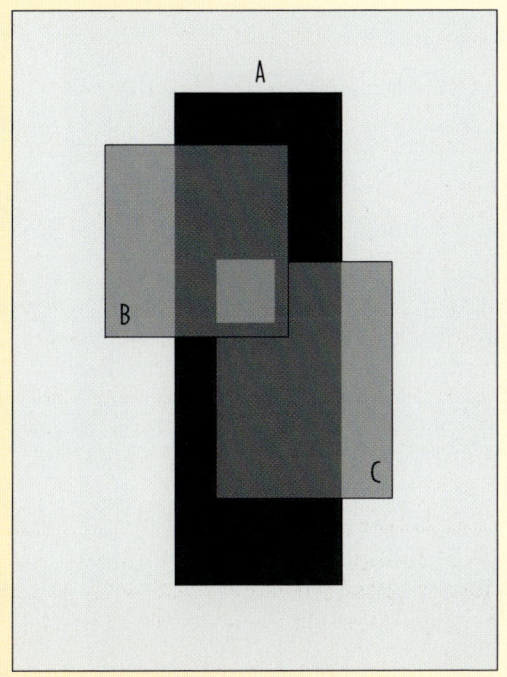

3. Pour les maintenir en place, on met un point de colle à leur intersection, qui sera caché par la superposition des différents rectangles. On peut ensuite ajouter un autre rectangle en longueur par-dessus les précédents au tiers de la hauteur de la carte.

Procédez de la sorte pour vos propres réalisations, en enchevêtrant et en superposant les formes, sachant que vous pouvez aussi insérer les bandes tissées les unes dans les autres, et que toutes sortes de formes et de matières peuvent être utilisées.
Inspirez-vous des tissages photographiés ici (figure 2) et laissez-vous porter par votre imagination.
Bonne création !

Fig. 2. Les premières bandes tissées

*Achevé d'imprimer en mai 2004
à Milan, Italie,
sur les presses de Grafiche Milani*

*Dépôt légal : mai 2004
Numéro d'éditeur : 8517*